Pfarrer Hartmut Preß

Obä Jesus hot gsocht ...

Das Markus-Evangelium
in Fränkisch

Pfarrer Hartmut Preß

Obä Jesus hot gsocht...

Das Markus-Evangelium in Fränkisch

Verlag Fränkischer Tag / Claudius Verlag

Titel und Illustrationen: Dieter Lang
Gesamtherstellung: Fränkischer Tag GmbH & Co.KG, Bamberg
Printed in Germany

ISBN 3-928648-07-1 (Fränkischer Tag)

ISBN 3-532-62144-4 (Claudius)

„Ich bin fei der Rambo“, secht der klaa Bu, dann nimmt er an Prügl und schlägt halt fest zu . . .

So beginnt das Mundartgedicht „Konfliktlösung“. Es beschreibt, was mir auf einem Spielplatz aufgefallen ist. In Gottesdiensten habe ich solche Gedichte vorgetragen. „Geh Oma, rutsch a weng“ schilderte das Schicksal einer alten Frau im Krankenhaus. Weitere Themen waren das Autofahren in der Stadt, die Skinheads, Arm und Reich, die Plastiktüte eines Landstreichers, die neuen Bahntrassen. Am Ausgang der Kirche sagten mir Gemeindeglieder: „Das merkt man sich“ oder „Das ging unter die Haut“.

Wenn einer öffentlich etwas in Mundart vorträgt, dann erwarten viele eine humoristische Darbietung. „Mundart = lustig“, diese Gleichung wird oft gemacht. Meine Gedichte aber brachten nachdenkliche, kritische Dinge, und gerade das kam an. Vielleicht deshalb, weil hier die Sprache ernst genommen wird, in der viele Menschen im Alltag reden und denken. Die knappe und präzise Form des Gedichts mag die Wirkung verstärkt haben.

Solche Erfahrungen brachten mich auf die Idee, ein Evangelium in fränkische Mundart zu übersetzen. Das Markus-Evangelium mit seinen in sich geschlossenen Kurzgeschichten von den Worten und Taten Jesu sowie der bewegend erzählten Leidensgeschichte erschien mir besonders geeignet. Jeden kleinen Abschnitt habe ich wie ein Mundartgedicht gestaltet, er soll sich in Aufbau und Sprachrhythmus zum Vorlesen und Zuhören eignen. Einige Vorlesungsproben haben mich dazu ermutigt. Hörerinnen und Hörer sagten, man empfinde altbekannte Texte „wie neu", man fühle sich direkter angesprochen. Mein erster Wunsch für dieses Buch ist, daß biblische Geschichten in der Art sprechen, wie die Menschen es sonst auch gewohnt sind, in der Art ihres Mundes, in Mundart.

Als Pfarrer habe ich viele bewegende Lebensgeschichten in fränkischer Sprache gehört, dazu Glaubenserfahrungen, Zweifel und Lebensweisheiten von Frauen und Männern, denen ich großen Respekt entgegenbringe. Auf der anderen Seite habe ich bei Gesprächsrunden erlebt, wie man gönnerhaft milde belächelt wird, wenn man Dialekt spricht, als sei das, was damit gesagt wird, minderer oder komischer Qualität. Deshalb trauen sich manche nicht mehr, in solcher Umgebung den Mund aufzumachen, obwohl sie viel zu sagen hätten. Wenn das auch in christlichen Gemeinden geschieht, ärgert es mich besonders. Im Mundart-Markus redet Jesus fränkisch, sein Sterben wird fränkisch erzählt. Rundfunk-, Presse- und Fernsehjournalisten haben mir gesagt, sie hätten diesen Versuch zunächst für eine Kuriosität gehalten, seien aber dann von der Aussagekraft der Texte überrascht gewesen. Mein zweiter Wunsch ist, diese Übersetzung möge auch sonst nicht als Kuriosität verstanden werden, sondern als ein Ernstnehmen von Menschen, die Dialekt reden.

Natürlich weiß ich, daß Hochdeutsch um der gegenseitigen Verständigung willen nötig ist, deshalb ist dieses Vorwort in Schriftdeutsch verfaßt. Daneben aber sollte die gewachsene Sprache auch in der Kirche ihren Platz haben, damit Inhalte des Glaubens nicht nur in einer Spezialisten-Sprache verhandelt werden. Die Qualität wird damit nicht vermindert, im Gegenteil: In Mundart können Menschen mit einer Verstandesschärfe und Herzenswärme reden, die einmalig sind. Sie können sehr genau ihre Beobachtungen mitteilen und feinste Abstufungen seelischer Vorgänge in Worte fassen. Für Hochmut der Hochdeutsch Sprechenden ist kein Anlaß! Wer sich auf Mundart einläßt, entdeckt deren Reichtum.

Jedem Franken ist bekannt, daß es „das Fränkische" nicht gibt. In Hof wird anders gesprochen als in Nürnberg, in Coburg anders als in Würzburg oder Ansbach. Von Dorf zu Dorf kann es große Unterschiede geben. Im Schriftlichen ist das nur annähernd zu erfassen. Hans Hagel und ich, wir haben uns dafür entschieden, unser Hallstadt-Bamberger Fränkisch möglichst augenfreundlich zu Papier zu bringen in der Hoffnung, die Leserinnen und Leser mögen durch lautes oder leises Nachsprechen ihre eigene Sprachmelodie in die vorliegende „Partitur" bringen. Einige besonders typische, häufig wiederkehrende Wendungen sind unten noch erklärt.

Grundlage ist der griechische Text, den ich so wörtlich wie möglich wiedergegeben habe. Dabei danke ich Dekan i. R. Johannes Seiß für einige hilfreiche Beratungsstunden. Besonderen Dank schulde ich Hans Hagel, dem Hallstadter Mundartdichter, der sich mit Leidenschaft auf diesen Franken-Markus eingelassen hat. Sein Einfühlungsvermögen in biblische Personen und Erzähler sowie sein heimischer Wortschatz und sein Gespür für die Feinheiten der Sprache haben die Qualität wesentlich verbessert. Als aktiver katholischer Christ hat er durch seine Zusammenarbeit

mit dem evangelischen Pfarrer dieser Übersetzung zudem das Prädikat „ökumenisch“ verliehen. Dem Grafiker Dieter Lang bin ich dankbar für die lebendige und farbige Übersetzung des Titels in eine fränkische Umgebung sowie für die zeichnerische Gestaltung.
Nach der Lesung eines Kapitels in der Kirche sagte mir ein Gottesdienstbesucher: „Heut hab ich auf jeds Wort aufgepaßt.“ Wenn Ähnliches beim Lesen oder Hören des Mundart-Markus auch in Zukunft geschieht, dann freue ich mich. In der Überschrift nämlich, die Markus über das ganze gesetzt hat, ist zu lesen:
„Die schönst Gschicht überhaupts,
die vo Jesus Christus,
än Herrgott sein Sohn.
Wos ihr do lest,
is erscht der Anfang.“
Und weitergeh soll die Gschicht ja mit dena, die wu heit lesn und hörn!

Hartmut Preß

Erklärung von häufigen Wendungen, Begriffen und Wörtern

er secht: er sagt
er hot zu äna gsocht: er hat zu ihnen gesagt
sie song zä na: sie sagen zu ihm
sie hom: sie haben
er wor allaa: er war allein
geh haam: geh heim
er hot ghaalt: er hat geheilt
mä söllät: man sollte
wenn mä des machät: wenn man das machen würde
des sän era: das sind welche
du sichst: du siehst
wie haaßtn du?: wie heißt denn du?
neifohrn: hineinfahren
er hot nex gfunna: er hat nichts gefunden
du kost: du kannst
mir sän noganga: wir sind hingegangen
es is rogflogn: es ist heruntergeflogen
Vorrä, Murrä: Vater, Mutter
Mo: Mann, das „o“ wird gesprochen wie das „a“ im englischen „water“; das ist bei vielen „o“ so, die im Text vorkommen (internationale Phonetik [ɔ:])
Taaf: Taufe
Froch: Frage
Gemöhr: Gedränge
Schelch: Fischerboot
nochäd: nachher, dann
etzät: jetzt
vro: zuvor
obä: aber
omds: abends
zäfrüh: in der Frühe

södda Leut: solche Leute; kann abwertenden Unterton haben
zägor: sogar
wäl: weil
dann erscht: dann erst
zäerscht: zuerst
er kricht: er kriegt, er bekommt
er laft zu ära: er läuft zu ihr
sie diskeriern: sie halten einen Diskurs
dei Hend: deine Hand, Mehrzahl: deina Händ

Um der Lesbarkeit willen

wurden manche Wörter nicht völlig umgeschrieben

gebliebn: gesprochen „gebliem“
liegn: gesprochen „lieng“
sie plogn sich: gesprochen „sie plong sich“
nachgeh: gesprochen „nochgeh“
Glaubn: gesprochen „Glaam“

Wos kummt (Kapitel 1,1)

(1) Die schönst Gschicht
überhaupts,
die vo Jesus Christus.
än Herrgott sein Sohn.
Wos ihr do lest,
is erscht der Anfang.

Johannes secht an Größern o (Kapitel 1,2-8)

(2) Des hängt zamm mit dem,
wos scho beim Profetn Jesaja gschriebn is:
„Paß auf,
ich schick mein Botn vor dir her,
der söll dein Weg herrichtn.
(3) A Stimm is do,
es ruft aner in der Wüstn:
‚Macht dem Herrn än Weg frei!
Macht seina Straßn grad!‘ “
(4) Do is passiert,
daß in der Wüstn
Johannes, der Täufer, aufgetretn is.
Der hot a besondera Taaf verkündigt,
die a Umkehr is,
wu di Sündn vergebn wern.
(5) Und alles, wos Baa ghobt hot
im judäischn Land,
is zu na nausgeloffn
und alla Leut vo Jerusalem
und hom sich vo na taafn lossn im Jordan
und hom däbei offn ihra Sündn zugebn.
(6) Und oghobt hot der Johannes
a Kamelhaut als Mantl
um die Hüftn hot er an lederna Görtl
umgschnallt ghobt.

Gessn hot er Heihüpfer und an wildn Honig.
(7) Und er hot verkündigt und hot gsocht:
„Nach mir kummt aner,
der is stärker als wie ich.
Ich bins net wert,
daß ich mich bück
und na die Riema vo die Latschn aufmach.
(8) Ich hob euch getaaft mit Wasser,
obä er, der werd euch taafn mit Feuer."

Der Himml tut sich auf (Kapitel 1,9–11)

(9) Und in dena Toch is dann passiert,
daß Jesus vo Nazareth in Galiläa kumma is
und hot sich vo Johannes im Jordan taafn lossn.
(10) Und im nämling Aangblick
wu er ausn Wasser gstiegn is,
hot er gsehng,
wie's den Himmel ausanander gerissn hot,
und wie der Heilig Geist auf na rokumma is
wie a Taubn.
(11) Und a Stimm wor do aus'n Himmel:
„Du bist mei geliebter Sohn,
du bist mei ganza Freud."

Anmerkung zu Kapitel 1, Vers 11

Markus fängt gleich mitn Jesus seiner Taaf o. Die Weihnachtsgschicht kennt er net, die hot bloß der Lukas und der hot später gschriebn. Des Wunder, daß in Jesus der Herrgott zä uns kummt, des werd in der Bibl auf verschiedna Art ausgsocht. Beim Markus werd Jesus in der Taaf als „Gottes Sohn" vorgstellt. Desselba Bekenntnis hot später der Lukas in die Weihnachtsgschicht „eigepackt".

Der Feind greift o (Kapitel 1,12–13)

(12) Und gleich hot na der Geist
nausgetriebn nei die Wüstn.
(13) Und dort wor er vierzig Toch in der Wüstn;
in dera Zeit hot der Teifl alles probiert,
daß er na vom Herrgott wegbrengt;
und er hot unter die wildn Viecher ghaust,
und die Engel hom sich um na gekümmert.

Des Wichtigsta in Kürze (Kapitel 1,14–15)

(14) Wie des väbei wor,
daß sie den Johannes eigelocht hom,
is Jesus selber nach Galiläa kumma
und hot des Evangelium verkündigt:
(15) „Leut, etzät is so weit!
Der Herrgott greift gleich ei.
Deswechä: Kehrt endlich üm!
Glabt an des Evangelium!“

Jesus sucht sich seina Leut (Kapitel 1,16–20)

(16) Und wie er so am Ufer
vom „Galiläischn Meer“ entlanglaft,
hot er den Simon gsehng
und den Andreas, dem Simon sein Bruder,
wie sie grod ihra Netze
ausgeworfn hom im Meer,
des worn nämlich Fischersleut.
(17) Und Jesus hot zu äna gsocht:
„Geht mir nach
und ich mach euch zä Menschnfischer!“
(18) Auf der Stell hom sie ihra Netze liegn gelossn
und sän auf sein Weg mitganga, ihm nach.

(19) Und wie er nuch a Stückla weiterganga is,
hot er den Jakobus gsehng
und den Johannes, sein Bruder,
die hom grod im Schelch ihra Netze gflickt.
(20) Und gleich hot er sie hergschriea
und sie hom ihrn Vorrä, än Zebedäus,
mit seina Tochlöhner im Schelch allans
gelossn –
und sän fortganga, ihm nach.

So a Vollmacht, die regt auf

(Kapitel 1,21–28)

(21) Und sie sän neiganga auf Kaparnaum.
Und gleich am Sabbat
is er nei die Synagog kumma
und hot gelehrt.
(22) Und die Leut worn über sei Lehr
ganz aus'n Häusla.
In dera Lehr wor a göttlicha Gewalt,
wie sie sie vo ihra Schriftgelehrtn
nuch net gekennt hom.
(23) In ihra Synagog wor grod a Mo,
den wu a unreiner Geist
in der Reißn ghobt hot.
Der hot a Mordsgschrei gemacht:
(24) „Wos hom mir mit dir zä schaffn,
Jesus vo Nazareth?
Du bist kumma,
wäl'sd uns hiemachn willst.
Ich waaß, wersd du bist:
Der heilig Mo, vom Herrgott gschickt!“
(25) Do hot na obä Jesus ogfohrn:
„Ruhig etzt!
Und sofort fährst raus vo dem Mo!“

(26) Do hot der unrein Geist den Mo
nuchmol onständig gebeutelt,
hot unheimlich gebrüllt
und is dann wie a Blitz aus na rausgfohrn.
(27) Und sie sän alla so erschrockn,
daß sie unteranander diskeriert
und gsocht hom:
„Wos soll des sei?
A neua Lehr mit aner gewaltign Kraft.
Er kummädiert die unreina Geister
und die gebn nach und tun, wos er secht.
(28) Und überoll im Galiläischn Land
is die Nachricht von na rümganga
wie a Laaffeuer.

Des Fieber muß weichen (Kapitel 1,29–31)

(29) Gleich dänoch sän sie aus der Synagog raus
und nei den Haus ganga,
des wu dem Simon, dem Andreas mit'n
Jakobus und än Johannes
mitänander ghört hot.
(30) Und den Simon sei Schwiegermurrä
wor mit Fieber im Bett gelegn,
und gleich hom sie na vo dera erzählt.
(31) Er is zu era neiganga
hot sie bei der Hend genumma
und hot sie aufghobn.
Und des Fieber is vo ära gewichn
und sie hot äna gleich ogericht.

Alla suchn Jesus (Kapitel 1,32–39)

(32) Auf Omds zu obä
wie die Sunna neigerutscht wor,
hom sie na alla die gebrocht,
die wu a Leidn ghobt hom
oder die a böser Geist gequält hot.
(33) Die ganz Stadt is zammgeloffn
vor der Tür.
(34) Und er hot a ganza Haufn Leut ghaalt,
die wu schlecht dro worn
mit allerahand Krankätn und Bresthaftigkeitn.
Und viel bösa Geister hot er rausgetriebn.
Und er hot die bösn Geister net redn lossn,
wäl sie na gekennt hom.
(35) In alla Herrgottsfrüh is er dann aufgstandn
und weit nausganga no an Platz,
wu er ganz allaa wor,
und dort hot er gebet'.
(36) Obä der Simon und die wu bei na worn
sän na dorthie nachganga.
(37) Und wie sie na gfunna ghobt hom
song sie zu na:
„A jeds sucht dich."
(38) Do secht er zu äna:
„Geh mä weiter, wuanders no,
nei die Nachbädörfer,
daß ich dort aa verkündig,
deswechä bin ich ja unterwegs."
(39) Und er is kumma und hot verkündigt
in ihra Synagogn in ganz Galiläa
und hot die bösn Geister ausgetriebn.

Des söll a Geheimnis bleibn

(Kapitel 1,40–45)

(40) Und es kummt a Aussätziger zu na
und fleht na o,
fällt vor na auf die Knie und secht:
„Wennsd du wölläst,
nochäd könnäst mei Haut gsund machn."
(41) Und des is na durch und durch ganga,
er hot sei Händ ausgstreckt,
hot na ogepackt und
hot zu na gsocht:
„Ich will's,
rein söllst du sei!"
(42) Auf der Stell
wor der Aussatz wie weggeblosn
und er is rein worn.
(43) Obä gleichzeitig hot er na ogfohrn,
bevor er na fortgschickt hot,
(44) und secht zu na:
„Fei obacht,
daß du zu jo kan Menschn
a Sterbnswörtla sechst –
sondern: Du nemmst dei Baa über die Achsl
und zeigst dich dem Priester

Anmerkung zu Kapitel 1, Vers 44

Des kummt a poormol vor: Jesus wills net hom, daß mä vo seina Tatn weitererzählt, sünst könnätn die Leut maana „Der is a Wundermo, der wu äs ganza Leid wegzaubert". Erscht wenn er sein Leidensweg ganga ist, wenn er om Kreuz gstorbn is und wenn na der Herrgott auferweckt hot, – erscht nochäd söll mä vor alla Leut vo na erzähln. Wäl erscht dann klor is, daß zän Weg vom Gottessohn aa äs Kreuz ghört. Und genauso wichtig is, daß derselb, der wu äs Kreuz aushält, aa wenn er ka Hilf mehr sicht, daß derselb äs größt Wunder erlebt: Der Herrgott hält na fest und gibt na a neus Lebn.

und bringst äs Opfer für die Reinigung,
wie des der Mose ogebn hot –
do dämit nämlich is für alla bewiesn,
daß du wieder gsund bist."
(45) Der obä is nausganga
und hot ogfangt,
alles nauszäposauna und rümzäwaafn
und die Gschicht unter die Leut zä brenga.
Deswechä hot Jesus sich in kanera Stadt
mehr sehng lossn gekönnt.
Er is draußn gebliebn
o einsama Plätz.
Und sie sän vo überoll her
zu na kumma.

Hauptsach gsund? (Kapitel 2,1–12)

(1) Wie er nach a poor Toch
wieder nach Kapernaum ganga is,
hom die Leut ghört,
daß er do is in dem Haus.
(2) Viel sän zamgströmt,
daß der Platz nümmer gelangt hot,
net amol im Hof vor der Tür.
Und er hot äna des Wort gsocht,
wos Heil bringt.
(3) Do kumma welcha,
die wölln na an Gelähmtn brenga,
der vo vier Mann getrogn werd.
(4) Und wäl sie na wechä die Haufn Leut
net bis zu na nobringa gekönnt hom,
hom sie des Dach do abgedeckt,
wu er wor.
Sie hom än Laama aufgerissn
und die Pritschn o Strick nuntergelossn,

wu der Gelähmt draufgelegn wor.
(5) Wie Jesus ihrn Glaubn gsehng hot,
secht er zu den Gelähmtn:
„Mei Sohn, vergebn sän deina Sündn.“
(6) Etzät worn do a poor vo die Schriftgelehrtn gsessn,
die hom in ihrn Herz
so ganz bei sich überlegt:
„Wos redt der do?
Der lästert doch gechä Gott!
(7) Wer ko Sündn vergebn?
Doch bloß aner – der Herrgott!“
(8) Und gleich hot Jesus in sein Geist gemerkt,
wos die alles bei sich überlegt hom
und er secht zu äna:
„Wos für Gedankn hobt ihr do
in euch drinna?
(9) Wos is leichter:
zu den Gelähmtn zä song:
‚Vergebn sän deina Sündn‘
oder zä song:
‚Steh auf,
nehm dei Pritschn
und geh haam!‘?
(10) Dämit ihrs obä wißt,
daß der Menschensohn die Vollmacht hot,
auf dera Erdn Sündn zä vergebn“ –
secht er etzät zä dem Gelähmtn:
(11) „Ich soch dir:
Steh auf,
nehm dei Pritschn
und geh haam!“
(12) Und der is aufgstandn,
hot sei Hackldipackl genumma
und is nausganga – vor alla Aang.

Die Leut worn ganz aufgewühlt,
hom Gott gepriesn
und hom gsocht:
„So wos hom mir noch nie gsehng!“

Mit södda o an Tisch? (Kapitel 2,13–17)

(13) Dann is er wieder nausganga
om See entlang,
und es ganza Volk is zu na kumma,
und er hot sie gelehrt.
(14) Später, beim Väbeilaafn,
hot er den Levi gsehng,
den Sohn vom Alphäus,
wie der in sein Zollhäusla höckt.
Und er secht zu na:
„Geh mit auf mein Weg,
mir nach!“
Und der steht auf, läßt alles liegn und steh
und geht mit auf sein Weg,
ihm nach.
(15) Und dann hot sich's zugetrogn,
daß er in dem sein Haus zän Essn wor,
und viel Zöllner und Sünder
hom sich mit däzu nogsetzt
gleich nebern Jesus und seina Jünger.
Des worn fei ganz schö viel, und alles Leut,
die wu mit na ganga sän auf sein Weg,
ihm nach.
(16) Und wie die Schriftgelehrtn und Pharisäer
gsehng hom,
daß er mit die Zöllner und Sünder
zammhöckt,
hom sie zu seina Jünger gsocht:

„Mit södda Leut wie Zöllner und Sünder tut er essn?“

(17) Wie Jesus des ghört hot,
secht er zu äna:
„Die Gsundn brauchn kan Dokter,
obä die Krankn.
Ich bi net kumma,
daß ich die Gerechtn ruf,
obä die Sünder ruf ich.“

Wos zammpaßt und wos net

(Kapitel 2,18–22)

(18) Die Jünger vom Johannes und die Pharisäer
hom grod wieder a Fastenzeit gemacht,
do kumma welcha und song zu na:
„Warum fastn denn die Jünger vom Johannes
und die Jünger vo die Pharisäer,
deina Jünger fastn obä net?“
(19) Und Jesus hot zu äna gsocht:
„Könna vielleicht die Hochzeitsgäst fastn,
wenn der Bräutigam bei äna is?
Solang wie sie än Bräutigam bei sich hom,
könna sie doch net fastn.
(20) Es wern obä Toch kumma,
wu der Bräutigam weggerissn werd
vo ihra Seitn,
nochäd wern sie fastn –
nuch om selbn Toch.
(21) Kans flickt a Stück vo an neua Tuch
auf an altn Mantl;
wenn mä des machät,
nochäd reißet der Flickfleck ro,
des neua Stück vom altn,
und der Riß weräd nuch schlimmer.

(22) Und ka vernünftiger Mensch
schütt junga Wei nei alta Schläuch;
wäl, wenn mä des machät,
zerreißät der Wei die Schläuch,
und alles wär hie: der Wei und die Schläuch.
Naa! Junger Wei ghört nei neua Schläuch."

Wos mä derf und wos net (Kapitel 2,23–27)

(23) Und dann is passiert,
daß er am Sabbat durch die Kornfelder
ganga is,
und sei Jünger hom ogfangt,
beim Laafn Ährn rozärupfn.
(24) Do hom die Pharisäer zu na gsocht:
„Schau nä no!
Wos treibn die do am Sabbat?
Des derf mä doch net!"
(25) Und er secht zu äna:
„Hobt ihr des nuch nie gelesn,
wos der David gemacht hot,
wie er in aner Not wor
und wie na der Magn gekracht hot,
ihn und seina Leut?
(26) Der is nein Gotteshaus ganga
– in dera Zeit, wu der Abjathar Hoher-
priester wor –
und hot die heilign Brote neighaut,
wos mä niemals derf, außer die Priester,
und er hot aa nuch seina Leut wos dävo
gebn."
(27) Do hot Jesus zu äna gsocht:
„Der Sabbat is wechän Menschn gemacht,
und net der Mensch wechän Sabbat.
Deswechä is der Menschensohn Herr
aa über den Sabbat."

Die Vorschrift und der Mensch

(Kapitel 3,1–6)

(1) Und er is wieder nei die Synagog ganga,
do wor a Mo mit anera verkrüppeltn Hend.
(2) Und sie hom genau aufgepaßt,
ob er na am End wieder am Sabbat haaln tät,
damit sie nochäd a Anklag gechä na hättn.
(3) Und er secht zu dem Mo
mit der verkrüppelten Hend:
„Stell dich do nei die Mittn!"
(4) Und zu dena secht er:
„Derf mä am Sabbat
wos Guts oder wos Bös to,
a Lebn rettn oder an umbrenga?"
Si hom obä nex degechä gewißt.
(5) Do hot er sie ringsrüm ogschaut
voller Zorn
und zägleich wieder wor er arg traurig
wechä ihra hartn Herzn,
und secht zu dem Mo:
„Streck dei Hend aus!"
Und der hot sie ausgstreckt,
und sei Hend wor wieder hergstellt.
(6) Do sän die Pharisäer nausganga
und hom sich gleich
mit dem Herodes seinera Cliquen berotn,
wie sie na ümbringa könntn.

„Gottes Sohn" – streng geheim

(Kapitel 3,7–12)

(7) Und Jesus hot sich mit seina Jünger
non See zärückgezogn
und a Haufn Leut sän na nachganga
vo Galiläa und aa vo Judäa

(8) und vo Jerusalem und vo Idumäa
und vo der Gegend übern Jordan drem
und vo die Gebiete um Tyrus und Sidon
hüm –
a Haufn Leut!
Die hom halt ghört, wos er geto hot,
und deswechä sän sie zu na kumma.
(9) Und er hot zä seina Jünger gsocht,
mä söllät a Bootla in Reserve haltn
wechä die Haufn Leut,
dämit des Gemöhr net zä gfährlich werd.
(10) Er hot nämlich viel Leut ghaalt,
so daß sie sich regelrecht auf na gstörzt hom,
um na amol opackn zä könna,
halt alla, die wu a schlimma Plog o sich ghobt
hom.
(11) Und die Leut mit die unreina Geister,
hom sich, sobald sie na gsehng hom,
vor na hiegeworfn
und gschriea: „Du bist der Sohn Gottes."
(12) Obä er hot äna arg gewehrt,
sie söllätn's auf kan Fall
unter die Leut brenga.

Die zwölf Apostel (Kapitel 3,13–19)

(13) Und er steigt auf den Berg nauf
und ruft diejenigen zä sich,
die wu er bei sich hom gewöllt hot
und die sän aa zä na hieganga.
(14) Und bei zwölf hot er's gemacht,
daß sie fest mit na zamm sän
und daß er sie fortschickt mit dem Auftrag,
daß sie verkündign söllätn
(15) und daß sie die Vollmacht hom,

die bösn Geister auszätreibn.
(16) Und daß es die Zwölf gebn hot,
des hot er gemacht.
Und dem Simon hot er den Noma Petrus gebn,
(17) weiter hot er zä sich gerufn:
än Jakobus, den Sohn vom Zebedäus,
und än Johannes, den Bruder vom Jakobus, –
dena zwaa hot er den Beinoma „Boanerges" gebn,
des haaßt soviel wie „Die Dunnerkeiler",
(18) weiter: än Andreas und Philippus,
än Bartholomäus, än Matthäus und än Thomas
und än Jakobus, den Sohn vom Alphäus,
än Thaddäus und än Simon, den Eiferer,
(19) und än Judas Iskarioh, der na später ausgeliefert hot.

Mit'n Teifl im Bund? (Kapitel 3,20–30)

(20) Und er kummt nei den Haus,
wu er wie däham wor,
und wieder laafn a Haufn Leut zamm,
daß er und sei Jünger
net amol zän Brotzeitmachn kumma sän.
(21) Wie des seina Leut däham ghört hom,
sän sie aufgebrochn
und wolltn na mit Gewalt mitnehma,
sie hom nämlich gsocht:
„Der is nümmer bei sich."
(22) Und die Schriftgelehrtn,
die wu vo Jerusalem runterkumma sän,
hom gsocht:
„Er hot's mit'n Beelzebul" und

„Er ärbät mit'n öbersten vo die bösn Geister zamm
und mit dem wieder träbt er die bösn Geister aus."
(23) Do hot er sie zä sich her ghaaßn
und zu äna gsprochn in Gleichnisse:
„Wie söll denn des geh?
Ko denn der Satan den Satan austreibn?
(24) Wenn a Herrschaft unter sich gspaltn is,
dann ko so a Herrschaft net besteh.
(25) Und wenn a Familie unter sich gspaltn is,
dann ko so a Familie net besteh.
(26) Und wenn der Satan an Aufstand mecht
gechä sich selber
und sich aufspaltn tut,
dann ko er net besteh –
und aus is mit na!
(27) Es ko doch niemals aans
in des Haus vo an Starkn eidringa
und den sei Wor ausräuma;
do muß er scho vro den Starkn obindn,
und nochäd ko er erscht den sei Haus ausräuma.
(28) Gwiß wohr is, wos ich euch soch:
Alla Sündn werdn die Menschenkinner
vergebn werdn,
zägor die Lästerunga,
und wenn sie nuch so viel gelästert hom.
(29) Wer obä gechä den Heilign Geist lästert,
der kricht ewig ka Vergebung,
sondern der is anera ewign Sünd schuldig."
(30) Des wor auf die gemünzt,
die wu zävor gsocht hom:
„Er hot an unreina Geist."

Wer zur Familie ghört (Kapitel 3,31–35)

(31) Do kumma sei Murrä und seina Brüder.
Sie sän draun steh gebliebn
und hom an neigschickt,
daß er na holn söll.
(32) A Haufn Leut worn üm na rümghöckt,
do kummt ans und secht:
„Horch,
dei Murrä und deina Brüder und deina Schwestern
sän draun und frogn nach dir.“
(33) Er obä gibt als Antwort:
„Wer is des, mei Murrä und meina Brüder?“
(34) Und er hot kringsdlarüm geguckt auf die,
die wu im Kraas um na rümghöckt worn
und hot gsocht:
„Do sichst mei Murrä
und do sichst meina Brüder.
(35) Wer des tut, wos Gott will,
der is mei Bruder und Schwester und Murrä.“

Wos beim Säa passiern ko (Kapitel 4,1–9)

(1) Und wieder hot er ogfangt,
am See zä lehrn,
und a Riesnhaufn Leut hot sich bei na zammgedrängt,
so daß er nei an Schelch gstiegn is
sich auf'n Ruderbänkla gsetzt hot,
und die ganzn Leut worn am Ufer vom See gstandn.
(2) Und er hot sie viel gelehrt
und des hot er mit Gleichnisse gemacht.
Und in seiner Red hot er äna gsocht:
(3) „Hört amol gut zu!

A Sämo is nausganga zum Säa.
(4) Und beim Säa is passiert,
daß aa wos aufn Weg gfalln is;
do sän die Vögäla kumma
und hom's aufgepickt.
(5) Und a Taal is auf an staanign Bodn gfalln,
wus net viel Humus gebn hot,
und is gleich aufganga,
wäl's net tief genug nei gekönnt hot.
(6) Wie nochäd die Sunna aufganga is,
is des Samazeuch verbrennt vo der Hitz,
und wäl's kanna Wurzeln ghobt hot,
is alles verdörrt.
(7) Und wieder a Taal vo die Körner
is unter die Dörnä neigerieselt,
und die Dörnä sän nei die Höh gschossn
und hom alles derstickt,
und ka Frucht hot's net gebrocht.
(8) Und wieder a Taal is auf an gutn Bodn gfalln
und is aufganga
und is gewachsn
und hot Frucht gebrocht.
Des hot getrogn
dreißigfach, sechzigfach und hundertfach."
(9) Und er hot gsocht:
„Wer Ohrn hot, daß er hört,
der soll hörn!"

Schwer zum Begreifn (Kapitel 4,10–12)

(10) Und wie sich's gebn hot,
daß sie allaa worn,
(11) hom die um na rüm samt die Zwölf
ihn gfrocht wechä die Gleichnisse.
Und er hot zu äna gsocht:
„Des Geheimnis vo der Gottesherrschaft:
Euch is des gebn;
obä dena, die wu draußn sän,
is alles wie a Rätsel;
(12) so kummt des raus, daß sie
(wie scho der Profet secht)
die Aang offn hom und sehng
und doch nix erkenna,
und daß sie die Ohrn offn hom und hörn
und doch nex verstehn,
wenn sie net umkehrn und äna vergebn
werd."

Anmerkung zu Kapitel 4, Vers 10–12

Gleichnisse sän vo Haus aus dodäzu do, daß mä wos besser västeht. Obä es gibt Leut, die wölln sich do gor net drauf eilossn, die wölln bloß ihra eigna Gedankn geltn lossn und deswechä västehn sie nex vom Herrgott seina Plän. Des sän die, „die wu draußn sän" (Vers 11). Dena konnst die bestn Wörter gebn, sie hörn net. Jesus maant, dann müssn sie ebn selber draufkumma, daß sie auf die Art net weiterkumma. Und so hot er weiter mit äna geredt und seina Gleichnisse erzählt und ghofft, daß äna doch nuch amol die Aang und die Ohrn aufgehn. Viel Ausleger übersetzn Vers 12 am Schluß statt „wenn sie net umkehrn ..." „damit sie net umkehrn ..."

Des Wort Gottes und verschiedna Herzn

(Kapitel 4,13–20)

(13) Und er secht zu äna:
„Ihr wißt net, wos des Gleichnis söll,
wie wöllt ihr nochäd die andern versteh,
die nuch kumma?
(14) Der Sämann sät des Wort.
(15) Die am Weg, des sän die Leut,
wu des Wort gsät werd;
und wenn sie's ghört hom,
kummt auf der Stell der Teifl
und nemmt des Wort weg,
wos bei äna gsät wor.
(16) Genauso geht's zu bei dena,
wu auf felsign Bodn gsät is;
wenn die des Wort ghört hom,
nehma sie's gleich mit Begeisterung o,
(17) obä des geht net tiefer nei bei dena.
Des sän era, die sän Petäla auf alla Suppn
später obä, wenn's Druck gibt
oder a Verfolgung wechä dem Wort,
dann falln sie gleich üm.
(18) Wieder anders is des bei dena,
wu unter die Dörnä gsät is:
des sän Leut, die hom des Wort scho ghört,
(19) obä nochäd kumma die Sorgn im täglichn Lebn
und die Eibildung, daß Geld glücklich mecht,
und die andauernden Wünsch
„des muß'd hom und sell muß'd hom" –
so viel Sachn kumma mit nei
und erstickn des Wort,
und so bringt's ka Frucht.

(20) Und nochäd sän do nuch södda,
wu auf an gutn Bodn gsät is;
des sän Leut, die hörn des Wort,
nehma's auf und brenga Frucht:
dreißigfach und sechzigfach und
hundertfach.

Des Licht will leuchtn (Kapitel 4,21–23)

(21) Und er hot zu äna gsocht:
„Brengt mä des Licht nei anera Stubn,
daß mä's unter an Scheffel stellt
oder unter a Bett?
Kaans mecht sowos!
Mä brengt des Licht,
daß mä's auf an Leuchter stellt!
(22) Es is nex versteckIt,
wos net doch draußn erscheina söll,
und es is nex geheim,
wos net doch nein Licht kumma söll.
(23) Wer Ohrn hot, daß er hört,
der söll hörn."

Wos gut is, söll nuch mehr werdn (Kapitel 4,24–25)

(24) Und er hot zu äna gsocht:
„Paßt auf, wos ihr hört!
Mit wos für an Maß ihr meßn tut,
mit so an Maß werd bei euch aa gemessn,
und es werd nuch wos däzu gebn.
(25) Wer wos hot, der kricht nuch wos däzu,
und wer gor nex hot,
dem werd des bißla, wos er hot,
aa nuch weggenumma.

Des wächst im Schlaf (Kapitel 4,26–29)

(26) Und er hot gsocht:
„Mit der Gottesherrschaft is des so,
wie wenn a Mo än Sama ausgeworfn hot
auf sein Acker,
(27) nochäd schlöfft und dann aufsteht zäfrüh.
Und des mecht er
Nacht für Nacht und Toch für Toch.
Und der Sama geht auf und wächst,
des merkt der gor net,
(28) ganz vo selber brengt der Acker Frucht,
zäerscht die Halm, nochäd die Ährn,
nochäd des volla Korn in der Ähr.
(29) Obä wenn's reif is,
schickt er (wie der Profet secht)
die Sichel, weil etzät die Zeit do is zän
Schneidn."

Der größte Unterschied (Kapitel 4,30–34)

(30) Und er hot gsocht:
„Mit wos söll mä die Gottesherrschaft
vergleichn
oder in wos für an Gleichnis söll mä sie
zeign?
(31) Des is wie mit an Senfkörnla;
wenn des ausgsät werd auf'n Acker,
nochäd is des äs klennsta
vo alla Samakörnla auf der Welt,
(32) obä wenn des amol ausgsät is und aufgeht,
nochäd werd des größer wie alla Kräuter
und träbt großa Zweig,
so daß (wies gschriebn is)
in ihrn Schattn die Vögäla nistn könna."

(33) In viel solcha Gleichnisse
hot er äna des Wort erklärt,
grod so viel, wie sie aufnehma gekönnt hom.
(34) Ohna Gleichnisse hot er net geredt,
obä die eigna Jünger, wenn sie unter sich worn,
dena hot er alles erklärt.

Zägor a Sturm muß auf na hörn

(Kapitel 4,35–41)

(35) Und wie's dann Omd worn is selln Toch,
secht er zu äna:
„Mir wölln nüberfohrn auf die ander Seitn."
(36) Do hom sie äs Volk fortgschickt
und hom na mitgenumma
in dem Schelch, wu er grod wor,
und andera Bootla worn aa mit däbei.
(37) Auf a Mol kummt a gewaltiger Sturmwind doher,
und die Welln hot's über die Bordwend neighaut
und des Boot is scho fast voll geloffn.
(38) Er obä wor hintn gelegn
auf an Ruderkissla und hot gschlofn.
Do hom sie na aufgeweckt
und hom zu na gsocht:
„Master, kümmert'n dich des gor net,
daß mir do draufgehn?"
(39) Und er is aufgstandn,
hot den Sturm ogfohrn
und hot zum Meer gsocht:
„Gib a Ruh! Sei stumm!"
Und der Sturm hot sich gelegt
und ka Lüftla hot sich mehr geregt.

(40) Und er hot zu äna gsocht:
„Warum hobt ihr solcha Ängstn?
Hobt ihr denn gor kan Glaubn?“
(41) Do hom sie sich arg gförcht
und zuanander gsocht:
„Wer is’n des,
daß Wind und Meer auf na hörn?“

Die bösn Geister müssn raus

(Kapitel 5,1–20)

(1) Dann sän sie auf die ander Seitn vom See kumma
neis Gebiet vo die Gerasener.
(2) Wie er aus’n Schelch rausgstiegn is,
is na gleich vo die Gräber her
a Mo entgechägerennt,
den wu a unreiner Geist
in der Gewalt ghobt hot.
(3) Der Mo hot in die Grabhöhln ghaust
und net amol mit Kettn
hot mä na bis etzät obindn gekönnt.
(4) Däbei hot mä na scho öft
o die Händ und Füß
mit Kettn zammgeradlt,
obä jedsmol hot er
die Kettn ausanandergebogn
und die Fessln o die Füß zerrissn,
und kaner wor stark genug,
der wu den Mo bändinga gekönnt hätt.
(5) Und in der ganzn Zeit,
zänacht wie am Toch,
wor er in die Gräberhöhln
und in die Berg,
und hot däbei gschriea

wie a Zahbrecher
und hot selber mit Stannä auf sich neighaut.
(6) Und wie er Jesus vo weitn gsehng hot,
do hot er des Renna ogfangt
und hot sich vor na nogeworfn
(7) und hot a Gschrei ogfangt:
„Wos hob ich mit dir zä schaffn,
Jesus, Sohn des höchstn Gottes,
ich beschwör dich beim höchstn Gott,
drangsälier mich net!"
(8) Jesus hot na nämlich zävor gsocht:
„Fahr raus, du unreiner Geist,
aus den Menschn!"
(9) Und etzät hot er na gfrocht:
„Wie haaßt'n du?"
Und der secht zä na:
„Legion is mei Noma,
denn mir sän viel."
(10) Und er hot Jesus inständig gebettelt,
er söllät sie net nausjogn aus'n Land.
(11) Etzät wor dort untn am Berg
a Herdn Säu auf der Weidn,
(12) und die Geister hom Jesus gebettelt
und gsocht:
„Schick uns zä die Säu,
daß mä in die neifohrn könna!"
(13) Und er hot's gelittn.
Und rausgfohrn sän die unreina Geister
und nei in die Säu,
und die Herd is den steiln Hang nogerast
direkt nein See nei
– zwaatausend wern's leicht gwesn sei –
und mitänandä sän sie im Wasser dersuffn.
(14) Und die Säuhirtn sän ausgerissn
und hom's vermeldt in der Stadt

und in die Dörfer.
Und die Leut sän kumma
und hom sehng wölln,
wos do passiert is.
(15) Und zä Jesus kumma sie aa;
und der, der wu in der Gewalt
vo den bösn Geist wor,
den sehng sie, wie er do höckt,
ogezogn und ganz vernünftig,
genau der nämlich, der wu die „Legion“
ghobt hot, –
und wie sie den so gsehng hom,
do hom sie sich ganz schö gförcht.
(16) Und die wu däbei worn, hom äna erzählt,
wie's selln mit'n bösn Geist ganga is,
und wos mit die Säu passiert is.
(17) Und die Leut hom ogfangt und ihn gebitt,
daß er weggeh söll aus ihrn Gebiet.
(18) Und er wollt nein Schelch steign,
obä der, der wu in der Gewalt
vo den bösn Geist gewesn is,
hot na gebettelt,
daß er bei na bleibn möchät.
(19) Er obä hots net gelittn und secht zu na:
„Geh wieder zärück nei dein Haus
zu deina Leut und verkünd äna,
wos für großa Wunder
der Herr o dir geto hot
und wie er sich erbarmt hot über dich.“
(20) Und der is noganga und hot ogfangt,
im Gebiet vo die Zehnstädte zä verkündinga
wos für großa Wunder
Jesus o na geto hot,
und alla hom sich gewundert.

Der Tod hot verlorn und der Glaubn hot gewunna (Kapitel 5,21–43)

(21) Und wie Jesus im Schelch
wieder nos andera Ufer gfohrn is,
hom sich a Haufn Leut bei na versammelt,
und er wor am See.
(22) Und es kummt aner vo die Synagognleiter
mit Noma Jairus.
Und wie er na sicht,
fällt er vor seina Füß nieder
(23) und fleht na o, immer wieder, und secht:
„Mit mein Töchterla geht's zä End,
ach, sei so gut und kumm doch
und leg era die Händ auf,
daß sie gerett werd und am Lebn bläbt!"
(24) Und er is mit na ganga,
und a Haufn Leut sän ihm nach
und hom a Mordsgemöhr um na rüm
gemacht.
(25) Und dann wor a Fra do,
bei dera is scho seit zwölf Johr
äs Geblüt (Blutunga) nümmer steh gebliebn
(26) und sie hot viel mitgemacht
bei allerhand Doktern,
ihr ganz Geld hot sie däfür ausgebn,
obä es hot nex gholfn,
ümmer schlechter is mit era worn.
(27) Die Fra hot aa vo Jesus ghört,
und sie is in dem Gewörch vo hintn zä na no
und hot sein Mantl ogepackt,
(28) sie hot sich nämlich gsocht
„Wenn ich na olang,

– und wenn's bloß seina Klaader sän –
nochäd werd mä gholfn."
(29) Und im selbn Moment
hom ihra Blutunga aufghört,
am eigna Leib hot sie's gspürt,
daß sie vo dera Plog gehaalt wor.
(30) Und Jesus hot aa gleich o sich selber gspürt,
wie a Kraft vo na ausganga wor,
und mittn unter die Leut
hot er sich rümgedreht und hot gsocht:
„Wer hot no mei Klaader gelangt?"
(31) Do hom sei Jünger zu na gsocht:
„Du sichst doch, wie die Leut dich schiebn,
und do sechst du:
‚Wer hot mich ogepackt?'"
(32) Und er hot rümgeguckt,
dämit er die sicht,
die wu des gemacht hot.
(33) Die Fraa obä hot sich gförcht
und hot gezittert wie Espäslaab,
sie hot ja gewißt,
wos mit ihr gschehng wor.
Obä dann is sie noganga zä na,
hot sich vor na nogeworfn
und hot na die ganza Wohrät gsocht.
(34) Er obä hot zu era gsocht:
„Tochter, dei Glaubn hot dich gerett,
geh in Friedn, bleib gsund
und sei frei vo deiner Plog!"
(35) Wie er nuch so geredt hot,
kumma Leut vom Synagognleiter
und song zu dem:
„Dei Tochter is gstorbn.
Zä wos willst'n du dem Master nuch Ärbät
machn?"

(36) Jesus obä hot des aufgschnappt,
wos do geredt worn is,
und secht zä den Synagognleiter:
„Hob ka Angst!
Hob bloß Vertrauen!“
(37) Und er hot's net gelittn,
daß irgendaans mit na ganga is,
bloß än Petrus und än Jakobus
und än Johannes, än Jakobus sein Bruder, –
die hot er mitgelossn.
(38) Und sie kumma nei den Haus vo dem
Synagognleiter,
und er sicht des Durchänander,
und wie sie andauernd fort
laut greina und schreia.
Er is neiganga und hot zu äna gsocht:
(39) „Warum regt ihr euch so auf?
Warum greint'n ihr so laut?
Des Kind is net gstorbn,
des schlöfft ner bloß.“
Do hom sie na ausgelacht.
(40) Er obä jogt sie alla naus
und nimmt än Vorrä und die Murrä mit
vo dem Kind
und die, die wu bei na worn,
dann geht er nei, wu des Kind gelegn is.
(41) Und er nimmt's bei die Händ
und secht zu na:
„Thalita kumi“,
des haaßt übersetzt:
„Madla, ich soch dir, steh auf!“
(42) Und im nämling Moment is des Madla
aufgstandn
und is dort rümgeloffn, –
zwölf Johr wor sie alt.

Die Leut obä hom nümmer gewißt,
wos sie machn sölln,
so arg sän sie erschrockn.
(43) Er obä hot äna eigetrichtert,
daß ka Mensch wos erfohrn söllät.
Und gsocht hot er nuch,
mä söllät dem Madla a weng wos zän Essn
gebn.

„Der is doch bloß a Zimmermo"

(Kapitel 6,1–6)

(1) Und er is fortganga vo dort
und kummt nei seinera Vorrästadt,
und seina Jünger sän na nachganga.
(2) Wie dann Sabbat wor,
hot er ogfangt, in der Synagogn zä lehrn.
Viel Leut hom zughört
und ganz verwundert hom sie gfrocht:
„Wuher hot'n der des?" und
„Wos is des für a Weisheit, wu dem gebn is?"
und
„Wie ko des sei,
daß solcha gewaltign Wunder
durch seina Händ geschehng?"
(3) „Is des net der Zimmermo,
der Sohn vo der Maria
und der Bruder vom Jakobus und Joses
und Judas und Simon,
sän net seina Schwestern aa do bei uns?"
Und sie hom sich über na geärgert.
(4) Jesus obä hot zu äna gsocht:
„Nirgends is a Profet so weng geacht
wie in seinera eigna Vorrästadt
und bei seinera Verwandtschaft
und in sein eigna Haus."

(5) Und er hot dort ka aanzigs Wunder
vollbringa könna,
bloß a poor Kranka hot er die Händ aufgelegt
und hot sie gsund gemacht.
(6) Und er hot sich gewundert,
daß er bei äna kan Glaubn gfunna hot.

Die Zwölf kriegn wos zä to (Kapitel 6,7–13)

(7) Und er is ringsrüm durch die Dörfer ganga
und hot gelehrt.
Und er ruft die Zwölf zä sich
und hot ogfangt, sie auszäschickn,
zwaa und zwaa,
und er hot äna Vollmacht gebn
über die unreina Geister
(8) und hot äna aufgetragn,
daß sie nex mit auf'n Weg nehma söllätn
äs wie an Spaziersteckn
„ka Brot, kan Rucksack, ka Geld im Görtl, –
(9) Latschn o die Füß, des könnt ihr hom,
obä ziecht net zwaa Hemädä o!"
(10) Und er hot zu äna gsocht:
„Immer wenn ihr nei an Haus kummt,
dann bleibt ä dort solang,
bis ihr vo dera Stell wieder weggeht.
(11) Und wenn a Ort euch net aufnemmt
und sie net auf euch hörn,
dann geht ä weg vo dort
und schüttelt än Staub vo eura Füß ro,
dämit sie merkn, wos sie gemacht hom!"
(12) Und sie sän losgezogn und hom verkündigt,
daß die Leut ümkehrn söllätn;
a Haufn bösa Geister hom sie ausgetriebn,
(13) und viel Kranka hom sie mit Öl eigeriebn
und hom sie ghaalt.

Wie der Johannes hot sterbn müssn

(Kapitel 6,14–29)

(14) Und der König Herodes hot dävo ghört,
weil sei Noma scho bekannt wor.
Und die Leut hom gsocht:
„Johannes, der Täufer, is vo die Totn
auferweckt.
Und deswechä wirkn solcha Kräfte in ihm."
(15) Andera wieder hom gsocht:
„Er is der Elia."
Und wieder andera hom behaupt:
„A Profet is er, genau wie aner vo die altn
Profetn."
(16) Wie der Herodes des ghört hot,
hot er gsocht:
„Der Johannes is des,
den wu ich köpfn geloßt hob,
der is auferweckt."
(17) Er selber nämlich, der Herodes,
hot seinerzeit losgschickt,
hot den Johannes nei seinera Gewalt
gebrocht
und hot na gfesselt nein Gfängnis
gschmissn, –
alles wechä dera Herodias,
der Fraa vo sein Bruder Philippus,
wäl er die gheiät hot.
(18) In dera Sach hot nämlich seinerzeit
der Johannes zän Herodes gsocht:
„Des derfst du net,
die Fraa vo dein Bruder nehma!"
(19) Die Herodias hot a Wut auf na ghobt
und wollt na ümbrenga,
hot's obä net gekönnt.

(20) Der Herodes hot sich gförcht vorn Johannes,
weil er gewißt hot,
wos für a heiliger und gerechter Mo des wor.
So hot er sei Händ über na ghaltn,
und wenn er na zughört hot,
wor's na jedsmol arg peinlich,
obä gern zughört hot er na doch.
(21) Dann is a günstiger Toch kumma;
o seim Geburtstag
hot der Herodes a Mahl gebn
für seina Würdnträger und die Offizierla
und die Prominenz vo Galiläa.
(22) Do is die Tochter vo ebn dera Herodias reikumma
und hot getanzt,
und sie hot dem Herodes nei die Aang gstochn
und seina Tischgenossn aa.
Der König hot zu dem Madla gsocht:
„Du kost vo mir verlanga, wos'd willst,
du kriegst äs."
(23) Und er hot eras zägor nuch gschworn aa:
„Wos du verlangst, kriegst,
und wenn's die Hälft vo mein Königreich is."
(24) Do is sie nausganga
und hot zu ihra Murrä gsocht:
„Wos maanst'n, wos ich verlanga söll?"
Die obä hot gsocht:
„Än Kopf vom Johannes, dem Täufer."
(25) Do is sie gleich ganz schnell zän König gschwänzelt
und hot na geflüstert, wos sie verlanga wöllät:
„Ich will, daß du mir auf der Stell auf an Teller
den Kopf vom Johannes, dem Täufer, gibst."

(26) Der König wor do drüber zwor arg traurig,
obä wechä seina Schwür
und wechä der Gsellschaft
hot er sie net abweisn gewöllt.
(27) Und gleich drauf hot der König än Henker
losgschickt
und na befohln,
än Johannes sein Kopf zä brenga.
Und der Henker is noganga
und hot na im Gfängnis geköpft.
(28) Dann hot er den Kopf auf an Tablett
gebrocht
und hot na dem Madla gebn,
und des hot na wieder seinera Murrä
nogelangt.
(29) Wie des die Jünger vom Johannes ghört hom,
sän sie kumma,
hom den Leichnam mitgenumma
und hom na nei an Grab gelegt.

Brot fürs Lebn vo 5000 (Kapitel 6,30–44)

(30) Und die Apostel hom sich bei Jesus
versammlt
und hom alles bericht,
wos sie geto und gelehrt hom.
(31) Und er secht zu äna:
„Macht euch auf, ihr ganz allaa,
geht zu an ruhign Platz
und ruht euch a weng aus."
Es wor nämlich a dauernds hie und her
vo die Leut,
viel sän kumma, viel sän ganga,
und net a mol Zeit zä a weng Brotzeit hom
sie ghobt.

(32) Und sie sän weggfohrn mit an Kahn
zä an einsama Platz,
wu sie allaa sei gewöllt hom.
(33) Obä die Leut hom des gsehng,
wie sie fortgerudert sän,
und viel hom's erfohrn.
Und zä Fuß sän sie dortno zammgeloffn
vo alla Städt
und sie worn schneller dort wie die andern.
(34) Wie er ausgstiegn is, hot er die Haufn Leut gsehng,
und es is na durch und durch ganga,
wäl sie worn wie Schofpätzn,
die wu kan Hirtn hom,
und er hot ogfangt, sie viel zä lehrn.
(35) Und wie's scho spät wor am Toch,
sän seina Jünger noganga zu na
und hom gsocht:
„Des is a einsama Gegnd
und spät is aa scho,
(36) du mußt sie fortschickn,
äsn sie nuch ringsrüm nei die Bauernhöf
und die Käffer kumma
und sich wos zän Essn kaafn könna."
(37) Er obä hot äna zä Antwort gebn:
„Gebt ihr äna wos zän Essn!"
Und sie song zä na:
„Sölln mir fortlaafn und Brot eikaafn
für zwaahundert Denar
und dena zä essn gebn?"
(38) Er obä secht:
„Wieviel Laab Brot hobt ihr däbei?
Schaut amol nach!"
Und wie sie's gewißt hom, song sie:
(39) „Fünf; und aa nuch zwaa Fisch."

Und er hot äna aufgetrogn,
daß alla Leut sich niederto sölln
im frischn Gros,
immer soviel, wie ungfähr um a großa Tafl rümgehn.
(40) Und sie hom sich noghöckt,
a Gruppn nebä der andern,
a mol hundert und a mol fuchzig.
(41) Und er hot die fünf Laab Brot genumma
und die zwaa Fisch,
hot naufgschaut nauf'n Himml,
hot än Segn gsprochn,
hot die Brote vänander gebrochn
und hot sie die Jünger gebn,
damit sie's die Leut austaaln.
Und aa die zwa Fisch hot er für alla getaalt.
(42) Und sie hom alla fest gemumpflt
und sän satt worn.
(43) Und wie sie dänoch die Brockn zammgemacht hom,
do worn zwölf Körb voll,
und aa genauso vo die Fisch.
(44) Und die wu gessn hom,
worn fei 5000 Mann.

Jesus kummt – zägor übers Meer

(Kapitel 6,45–52)

(45) Gleich dänoch hot er sei Jünger gezwunga,
nein Kahn zä steign
und auf die ander Seitn vorauszäfohrn
nach Bethsaida,
derweil er selber die Leut entlassn gewöllt hot.
(46) Er hot Abschied genumma vo äna,
und is dann fortganga naufn Berg zän Betn.

(47) Und wie's Omd worn is,
wor äs Schiffla scho mittn auf'n Wasser,
und er wor allaans auf'n Land.
(48) Und er sicht,
wie sie sich plogn müssn mit'n Rudern,
der Wind hot genau nein Gsicht geblosn.
Um die viert Nachtwachn löfft er äna
entgechä,
geht obndrauf auf'n Wasser rüm
und wollt o äna vorbeigeh.
(49) Die obä, wie sie na gsehng hom,
daß er do auf'n Wasser rümgeht, –
hom geglabt, des is a Erscheinung,
und hom äs Schreia ogfangt.
(50) Alla hom sie na gsehng
und worn ganz durchänander.
Er obä hot sofort mit äna geredt,
und secht zu äna:
„Beruhigt euch! Ich bin's,
ihr braucht doch ka Angst hom."
(51) Und er is neigstiegn zu äna nein Kahn,
und der Wind hot sich gelegt,
und sie worn ganz aus'n Häusla.
(52) Die hom nämlich bei dera Gschicht mit die
Brote
nex begriffn, im Gegnteil:
ihr Herz wor picklhart wie Staa.

Jesus is für die Krankn do (Kapitel 6,53–56)

(53) Und dann sän sie gor nübergfahrn non Land,
sän nach Genezareth kumma
und hom dort ogelegt.
(54) Wie sie aus'n Kahn rausgstiegn sän,
hom die Leut sofort gekennt, wer er is.

(55) Sie sän in der ganzn Gegend rümgsaust
und hom ogfangt,
kranka Leut dortno zä trogn,
wu sie ghört hom, daß er grod sei söll.
(56) Und wu er nokumma is,
nei Dörfer, Städt oder Höf,
überoll hom sie die Krankn auf die freia Plätz
nogelegt
und ihn hom sie dortno ghaaßn,
daß die wengstens den Saam vo sein Mantl
olanga könntn.
Und alla, die wu na ogepackt hom,
die sän gsund worn.

Do drüber muß mä streitn (Kapitel 7,1–23)

(1) Und es versammln sich bei na die Pharisäer,
und vo die Schriftgelehrtn kumma welcha
vo Jerusalem raus.
(2) Und sie sehng, daß welcha vo seina Jünger
mit unreina – des haaßt ungewaschna – Händ
ihr Brot essn –
(3) dodäzu muß mä wissn:
die Pharisäer und alla Judn fanga net äs Essn o,
wenn sie sich net zävor mit an Sprutz Wasser
gewaschn hom,
so haltn sie o der Überlieferung vo die Altn
fest.
(4) Und wenn sie vom Markt kumma,
packn sie ka Essn o,
wenn sie sich net zävor die Händ gewaschn
hom.
Nuch viel andera Vorschriftn sän's,
nach dena wu sie sich richtn,
weil sie's vo ihra Vorfohrn übernumma hom,

wie des Waschn vo Becher, Krügla und
Kupfergscherr –
(5) und die Pharisäer und Schriftgelehrtn
hom Jesus gfrocht:
„Warum lebn deina Jünger
net nach der Überlieferung vo die Altn,
sondern essn äs Brot mit unreina Händ?“
(6) Er obä hot zu dena gsocht:
„Do paßt schö die Weissagung vom Jesaja
her
über euch Heuchler, wie's aufgschriebn is:
‚Des Volk do ehrt mich mit die Lippn,
ihr Herz obä is weit weg vo mir.
(7) Ümäsünst verehrn sie mich,
wäl des, wos sie lehrn,
sän in Wahrheit Gebote vo Menschn.‘
(8) Des Gebot vom Herrgott obä loßt ihr sausn,
und o die Überlieferung vo Menschn
klammert ihr euch o!“
(9) Und weiter secht er zu äna:
„Des Gebot vom Herrgott hobt ihr schö
niedergemacht,
dämit ihr euer Überlieferung hoch haltn
könnt.
(10) Denn der Mose hot gsocht:
‚Ehrn söllst dein Vorrä und dei Murrä‘ und
‚Wer Vorrä oder Murrä schlecht mecht,
der soll ganz gwiß sterbn.‘
(11) Ihr obä socht:
‚Wenn aner zu sein Vorrä oder zu seinera
Murrä
secht ‚Korban‘ – des haaßt:
a Opfer für'n Templ soll des sei,
wos dir vo mir als Versorgung zusteht –
(12) nochäd laßt ihr doch zu,

daß aner für sein Vorrä oder sei Murrä nex mehr tut.
(13) Auf die Art macht ihr des Wort vom Herrgott ungültig
und setzt euer Überlieferung ei,
die wu ihr selber überliefert hobt.
Und solcha ähnlicha Dinger macht ihr nuch viel mehrä."
(14) Und wieder hot er die Leut zä sich ghaaßn
und hot zu äna gsocht:
„Hört mol etz alla auf mich und begreift endlich:
(15) Es gibt nex außerhalb vo an Menschn,
wos nochäd, wenn's in den Menschn neikummt,
ihn unrein machn könnät.
Obä des, wos aus die Menschn rauskummt,
des is des, wos än Menschn unrein mecht."
(16) (Der Vers fehlt in die bestn Handschriftn)
(17) Wie er dann nein Haus ganga is, weg vo die Leut,
hom na sei Jünger nach dem Gleichnis gfrocht.
(18) Und er secht zu äna:
„So gar ka Einsicht –
is des bei euch aa so?
Merkt'n ihr des net,
daß alles, wos vo außn in an Menschn neigeht,
ihn net unrein machn ko?
(19) Wäl des net nei sein Herz geht,
sondern nei sein Bauch,
und im Abtritt geht's naus?"
Mit dera Red hot er alla Speisn für rein erklärt.

(20) Und er hot weiter gsocht:
„Wos vo dem Menschn rauskummt,
des mecht na unrein.
(21) Vo inna, aus'n Herz vo die Menschn
kumma die bösn Gedankn,
Schnallntreiberei, Stehlerei, Mord,
(22) Nebnnausgeh, Habgier, Schlechtigkeitn,
Hinterlist,
Ausschweifung, böser Blick, Lästerung,
Stolz, Dabheit.
(23) Alla die bösn Sachn kumma vo inna raus
und machn den Menschn unrein."

A Fraa besiegt den Heiland

(Kapitel 7,24–30)

(24) Vo dort weg is er dann aufgebrochn
und is nei die Gegend vo Tyrus kumma.
Dort is er nei an Haus ganga,
und des hot kans erfahrn sölln,
obä des hot net geklappt,
sie hom na nämlich erspecht.
(25) Gleich hot a Fraa vo na ghört,
dera ihr Tochter wu an unreina Geist ghobt
hot;
(26) die Fraa is kumma
und hot sich vor seina Füß nogeworfn
– sie wor a Griechin, vo Haus aus a
Syrophönizerin –
und sie hot na gebettelt,
er söllät den bösn Geist
aus ihra Tochter naustreibn.
(27) Und er hot zu era gsocht:
„Du mußt des hienehma,
daß zäalläerscht die Kinner satt wern.

Es is net schö, des Brot vo die Kinner zä nehma
und die Hündla nozäwörfn."
(28) Sie obä hot na rausgebn und zu na gsocht:
„Ja, Herr, und doch fressn die Hündla
untn om Tisch die Brösäla vo die Kinner."
(29) Do hot er zu era gsocht:
„Gechä dera Red ko ich nex machn,
geh no und du werst sehng,
der bös Geist is rausganga vo deinera Tochter!"
(30) Und sie is wieder zärück zä ihrn Haus
und hot ihr Kind gfunna,
des wor auf'n Bett gelegn,
und der bös Geist wor weg vo na.

Der Mensch söll hörn und redn könna

(Kapitel 7,31–37)

(31) Und er hot die Gegend vo Tyrus wieder verlossn
und is über Sidon zän Galiläischn See kumma,
mittn nei in des Gebiet vo die Zehnstädte.
(32) Und sie brenga an zu na,
der wor taub
und hot kaum redn gekönnt,
und sie bittn,
er söllät na die Händ auflegn.
(33) Do hot er na auf die Seitn genumma,
weg vo die Leut, für sich allaa,
dann hot er na seina Finger
fest nei die Ohrn gedrückt,
hot auf seina Finger gspotzt
und den sei Zunga dämit ogelangt.

(34) Dann hot er naufgeguckt zän Himml
und hot an tiefn Seufzer geto.
(35) Und er secht zu dem:
„Ephata!", des haaßt „Tu dich auf!"
Und die Ohrn hom sich aufgeto
und zägleich hot sich die Fessl vo seinera Zunga gelöst
und er hot wieder richtig redn gekönnt.
(36) Und Jesus hot äna verbotn,
daß sie's jo kan Menschn sochätn.
Obä aa wenn er's nuch so arg verbotn hot,
nochäd hom sie's bloß nuch eifriger nausposaunt.
(37) Sie worn ganz arg außer sich
und sie hom gsocht:
„Er hot alles gut gemacht,
bei die Taubn mecht er, daß sie hörn,
und bei die Stumma mecht er, daß sie redn."

4000 wern vo wenig satt (Kapitel 8,1–9)

(1) In dera Zeit, wie wieder amol a Haufn Leut do worn
und nex zän Essn ghobt hom,
do ruft er seina Jünger zä sich
und secht zu äna:
(2) „Es erbarmt mich über die Leut,
wäl sie scho drei Toch bei mir aushaltn
und nex zän Beißn hom.
(3) Und wenn ich sie fortschick,
daß sie haamgehn sölln, –
dann gehn sie nuch aufn Weg ei,
do sänera jo däbei, die vo weither kumma."
(4) Und seina Jünger hom drauf gsocht:
„Wie söllät mä des zammbrenga,

die Leut auf amol mit Brot satt zä machn
do in der Wüstn?"
(5) Und er hot sie gfrocht:
„Wie viel Brote hobt ihr?"
Sie hom gsocht: „Siebn."
(6) Und er gibt o,
daß sich die Leut auf'n Bodn lagern sölln.
Und er hot die siebn Brote genumma,
hot den Segn gsprochn,
hot sie gebrochn
und hot sie seina Jünger gebn,
dämit sie's äna vorlegn sölltn.
(7) Außerdem hom sie aa nuch a poor Fischla ghobt.
Und er hot wieder än Segn drüber gsprochn
und ogebn, daß sie die aa austaaln sölln.
(8) Und sie hom gessn und sän satt worn,
dann hom sie die Restla vo die Brockn eigsammelt,
siebn Körb voll.
(9) Es worn vielleicht 4000 Leut,
und dann hot er sie haamgschickt.

Ka Wunder auf Kommando

(Kapitel 8,10–13)

(10) Und er is gleich drauf nein Kahn gstiegn mit sei Jünger
und is nei die Gegend vo Dalmantha kumma.
(11) Und die Pharisäer sän nausganga
und hom mit na des Diskäriern ogfangt.
Und sie hom na auf die Prob gstellt
und hom a Wunderzeichn vo na verlangt,
wu mä merkt, des is vom Himml.

(12) Do hot er an schwern Seufzer geto in sein Geist
und secht:
„Wos verlangt die Rass a Zeichn?
Gwiß wohr is, wos ich euch soch:
Niemals werd dera Rass a Zeichn gebn."
(13) Und er hot sie steh gelossn,
is wieder nein Schelch gstiegn
und nübergfohrn auf die ander Seitn.

Jesus hot's schwer mit seina Jünger

(Kapitel 8,14–21)

(14) Und sie hom vergessn, Brot mitzänehma,
und außer an anzign Laab
hom sie nex dabei ghobt im Kahn.
(15) Und er hot äna eigäbleut:
„Paßt auf! Halt die Aang offn!
Do is die Säuern vo die Pharisäer
und die vom Herodes."
(16) Und sie hom unteranander hie und her überlegt,
ob er des gsocht hot,
wäl sie kana Brote hom.
(17) Und er hot's gemerkt und secht zu äna:
„Wos redt ihr unteranander,
daß ihr kana Brote hobt?
Merkt ihr immer nuch nex?
Versteht ihr immer nuch nex?
Hobt denn ihr a Herz,
des wu hart is wie a Staa?
(18) Aang hobt ihr und secht nex,
Ohrn hobt ihr und hört nex?
(19) Denkt ihr nümmer dro,
wie ich die fünf Brote gebrochn hob

für die 5000?
Wieviel Körb voller Brockn hobt ihr do aufghobn?"
Sie song zu na: „No, zwölf."
(20) „Wie ich die siebn Brote für die 4000 gebrochn hob,
wieviel Körb mit Restla vo die Brockn hobt ihr do aufghobn?"
Sie song: „No, siebn."
(21) Und er hot zu äna gsocht:
„Versteht ihr immer nuch nex?"

Jesus haalt an Blindn (Kapitel 8,22–26)

(22) Und sie kumma nach Bethsaida.
Do bringa die Leut an Blindn
und sie bittn na, daß er na orührt.
(23) Und er hot den Blindn bei der Hend genumma
und hot na aus'n Dorf nausgführt.
Dann hot er na auf die Aang gspotzt,
hot na die Händ aufgelegt
und hot na gfrocht:
(24) „Sichst du wos?"
Und er hot aufgeguckt und gsocht:
„Ich siehch die Menschn,
ich siehch welcha wie Baam, die wu rümlaafn."
(25) Dänach hot er na nuchmol
die Händ auf die Aagn gelegt,
do hot der scharf sehng könna
und wor wieder hergstellt
und er hot alles ganz klar gsehng,
aa wos weit weg wor.
(26) Und er hot na haamgschickt und gsocht:
„Geh net in des Dorf do nei!"

Wer bin ich? (Kapitel 8,27–30)

(27) Und Jesus und seina Jünger sän weiterganga
nei die Dörfer vo Cäsarea Philippi.
Auf'n Weg hot er seina Jünger gfrocht und gsocht:
„Wos song denn die Leut, wer ich bin?"
(28) Sie hom zu na gsocht:
Die an song: „‚Johannes, der Täufer', andera ‚Elia'
und wieder andera ‚aner vo die Profetn'."
(29) Und er hot sie gfrocht:
„Und ihr, wos socht ihr, wer ich bin?"
Die Antwort gibt der Petrus und secht zu na:
„Du bist der Messias."
(30) Und er hot eidringlich auf sie eigeredt,
daß sie kan Menschn wos über na song söllätn.

Der göttlich und der teuflisch Weg (Kapitel 8,31–33)

(31) Und er hot ogfangt, sie zä lehrn:
„Es muß sei, daß der Menschensohn viel zä leidn hot
und daß er verworfn werd
vo die Ältestn und die Hohenpriester und die Schriftgelehrtn
und daß er umgebrocht werd
und daß er nach drei Toch aufersteht."
(32) Und offn raus hot er des Wort geredt.
Dann hot der Petrus na auf die Seitn gezogn
und hot wild auf na eigeredt.
(33) Er obä hot sich rümgedreht,
hot auf seina Jünger geguckt
und hot den Petrus ogeranzt:

„Geh weg, weit weg vo mir, Satan!
Wäl des, wos du maanst, is net vo Gott,
sondern vo die Menschn.“

Lebn verliern und Lebn gewinna

(Kapitel 8,34–38)

(34) Und er hot die Leut mit sei Jünger
zä sich gerufn und zu äna gsocht:
„Wenn aans mir nachgeh will,
nochäd söll er sich selber nümmer kenna
und sei Kreuz auf sich nehma
und auf mein Weg geh, mir nach.
(35) Wer sei Lebn gewinna will, der werd's verliern,
wer sei Lebn verliert wechä mir und än Evangelium,
der werd's gewinna.
(36) Wos nützt des an Menschn,
wenn er die ganz Welt gewinnt
und sei Lebn verliert für immer?
(37) Wos ko denn a Mensch zän Tauschn hergebn
für sei Lebn?
(38) Wenn sich ans schämt für mich und meina Wörter,
– wer immer des is aus dera Rass,
die ehebrecherisch is und sündig –
für den werd sich der Menschensohn aa schäma,
wenn er kummt in der Herrlichkeit
vo sein Vorrä und die heilign Engl.“

A Durchblick wie nur seltn (Kapitel 9,1–13)

(1) Und er hot zu äna gsocht;
„Gwiß wohr is, wos ich euch soch:
Es sän welcha, die do stehn,
die wern den Tod net schmeckn bis sie sehng,
daß die Gottesherrschaft kumma is in Macht.“
(2) Und sechs Toch dänoch nemmt Jesus
än Petrus und än Jakobus und än Johannes mit sich
und führt sie auf an hochn Berg,
wu sie ganz für sich allaa sän.
(3) Und er is verwandelt worn vor ihra Aang
und seina Klaader sän weiß glänzend worn,
so schö, wie sie ka Färber auf dera Welt weiß brenga ko.
(4) Und der Elia mitn Mose is äna erschiena,
und sie worn in anera Unterhaltung mit Jesus.
(5) Und der Petrus hot äs Wort genumma und secht zu Jesus:
„Rabbi, schö is, daß mir do sän,
mir könnätn do drei Hüttla baua,
für dich aans, für 'n Mose aans und für'n Elia aans.“
(6) Er hot gor net recht gewißt,
wos er dodäzu song söll,
sie hom nämlich großa Ängstn ghobt.
(7) Und a Wolkn is kumma,
die wu an Schattn über sie geworfn hot,
und a Stimm is aus der Wolkn kumma:
„Des is mei geliebter Sohn,
auf den söllt ihr hörn!“
(8) Und auf a Mol, wie sie sich umgeguckt hom,
hom sie kans mehr gsehng,

bloß Jesus wor allaa do mit äna.
(9) Wie sie nochäd nuntergstiegn sän vom Berg,
hot er äna aufgetragn,
daß sie kan Menschn vo dem,
wos sie gsehng hom, erzähln sölln.
Erscht dann könnätn sie drüber redn,
wenn der Menschensohn vo die Totn
aufersteh tät.
(10) Und des Wort hom sie festghaltn
und in Redn unteranander zä deutn gsucht,
wos des sei söll, „aufersteh vo die Totn".
(11) Sie hom na befrocht und hom gsocht:
„Die Schriftgelehrtn song doch,
daß der Elia zäerscht kumma muß?"
(12) Er obä hot zu äna gsocht:
„Des is scho richtig, daß der Elia kummt
und alles wieder herricht.
Obä wie is geschriebn über den
Menschensohn?
Doch des, daß er viel zä leidn hot
und daß sie na verachtn.
(13) Obä ich soch euch:
Der Elia is aa kumma
und sie hom mit na gemacht,
wos sie gewöllt hom,
wie's gschriebn is über na."

A schwerer Kampf (Kapitel 9,14–29)

(14) Wie sie dann zä die andern Jünger kumma
sän,
hom sie an Haufn Leut gsehng,
die worn alla um sie rüm,
und Schriftgelehrta, die hom mit äna
diskäriert.
(15) Und gleich wie sie na gsehng hom,
sän alla Leut zammgfohrn und sän nogerennt
und hom na begrüßt.
(16) Er hot sie gfrocht:
„Über wos diskäriert ihr mit dena?"
(17) Die Antwort hot na aans vo die Leut gebn:
„Master, ich hob mein Bubn zä dir
brenga wölln,
der hot an Geist in sich
und der hot na die Sprach genumma.
(18) Und ümmer, wenn der na derwüscht,
reißt er na no und her,
und er schaamt und knirscht mit die Zeh
und werd ganz steif.
Und ich hob zu deina Jünger gsocht,
daß sie na austreibn sölln,
und sie hom's net zammgebrocht."
(19) Er obä hot äna geantwort und secht:
„Wos is des für a ungläubiga Rass,
wie lang soll ich nuch bei euch bleibn?
Brengt na her zä mir!"
(20) Und sie hom na zu ihm gebrocht.
Und kaum hot na der Geist gsehng,
hot er gleich den Bubn zammgäkrampft,
und der is auf'n Bodn gflogn,
hot sich gewälzt und gschaamt.
(21) Und Jesus hot den Vorrä gfrocht:

„Wie lang geht des scho mit dem?“
Dodrauf hat der geantwort: „Vo klaa auf.
(22) Des is scho öft passiert.
Der Geist hot na nein Feuer geworfn und
nein Wasser,
ümbrenga hot er na wölln.
Obä wenn du wos machn kost,
helf uns, erbarm dich über uns!“
(23) Jesus obä hot zu na gsocht:
„Zä deina Red ‚Wenn du wos machn kost‘ –
alles is möglich für den, der glabt.“
(24) Do hot der Vorrä vo dem Kind aufgschriea
und gsocht: „Ich glaab,
helf, wenn ich net glaab!“
(25) Wie Jesus sicht, daß die Leut zammlaafn,
hot er den unreina Geist ogfohrn
und secht zu na:
„Du stummer und tauber Geist,
ich soch dir’s: Fohr raus vo dem Bubn!
Geh nie mehr nei zä na!“
(26) Und der hot gschriea,
hot na furchtbar zammgäkrampft
und is rausgfohrn.
Und der Bu wor wie a Toter,
und scho hom die meistn Leut gsocht:
„No, der is gstorbn.“
(27) Jesus obä hot na bei der Hend genumma
und hot na aufgezogn,
und der is aufgstandn.
(28) Und wie er nein Haus ganga wor,
und sie allaa worn,
hom na seina Jünger gfrocht:
„Warum hom mir des net zammgebrocht,
daß mä den rausgetriebn hom?“
(29) Und er hot zu äna gsocht:

„Die Art brengt mä durch nex anders raus
als wie durchs Gebet.“

Zum zweitn Mol: Sei Weg (Kapitel 9,30–32)

(30) Und wie sie vo dort wegganga sän,
sän sie durch Galiläa kumma.
(31) Und er hot's net gewöllt, daß aans des waaß.
Er hot nämlich seina Jünger gelehrt
und hot zu äna gsocht:
„Der Menschensohn werd ausgeliefert
nei die Händ vo Menschn,
und die brenga na um,
und der, der umgebracht is,
werd nach drei Toch aufersteh.“
(32) Sie obä hom die Red net verstandn,
und zum Frong hom sie sich net getraut
vor lauter Angst.

Die Erschtn und die Letztn

(Kapitel 9,33–37)

(33) Und dann sän sie nach Kapernaum kumma.
Und wie er im Haus wor, hot er sie gfrocht:
„Über wos hobt ihr geredt unteranander,
wie mä auf'n Weg worn?“
(34) Sie obä hom nex gsocht.
Sie hom sich nämlich auf'n Weg
dodrüber unterhaltn, wer der Größt is.
(35) Und er hot sich nogsetzt,
hot die Zwölf herghaaßn und secht zu äna:
„Wenn aner der Erschta sei will,
nochäd söll er vo alla der Letzta sei
und vo alla der Diener.“
(36) Und er hot a Kind genumma,
hot's nei ihr Mittn gstellt,

hot's nei die Arm genumma
und hot zu äna gsocht:
(37) „Wer so a Kind aufnemmt in mein Noma,
der nemmt mich auf,
und wer mich aufnemmt,
der nemmt net mich auf,
sondern den, der wu mich gschickt hot."

Mehr Freunde als mä denkt

(Kapitel 9,38–42)

(38) Do hot der Johannes zu na gsocht:
„Master, mir hom an gsehng,
der hot in dein Noma bösa Geister
ausgetriebn,
der geht net mit auf unsern Weg, uns nach,
und mir hom na des Handwerk gelegt,
wäl er net mit uns geht."
(39) Jesus obä hot gsocht:
„Legt den Mo nex nein Weg,
denn es gibt kan Menschn,
der wu in mein Noma a Wundertat schaffät,
und kurz dänoch tät er schlimms Zeug vo
mir redn;
(40) denn wer net gechä uns is,
der is für uns.
(41) Denn des ko sei wer will –
wer euch an Becher mit Wasser zän Trinkn
gibt
allaa deswechä, weil ihr dem Messias oghört,
dann soch ich euch, und des is gwiß wohr:
der söll's net ümäsünst geto hom,
der kricht sein Lohn!
(42) Und des ko sei wer er will –
wer ans vo dena Klan, die an Glaubn hom,

irr mecht do dro,
für den wär's viel besser,
daß na a Mühlstaa, wie na die Esl ziehng,
um sein Hals ghängt werd
und er nein Meer geworfn werd.

Manchäsmol muß a Schnitt sei

(Kapitel 9,43–50)

(43) Wenn dich dei Hend irr mecht im Glaubn,
hack sie ab!
Es is besser, wennsd als Behinderter ins andera Lebn neigehst,
als wie wennsd mit zwaa Händ nei die Höll saust,
wu des Feuer is, des kans löschn ko.
(44) (Der Vers fehlt in wichtiga Handschriftn)
(45) Und wenn dich dei Fuß irr mecht im Glaubn,
hack na ab!
Es is besser wennsd als aner, der knappt,
ins Lebn neigehst,
als wie wennsd zwaa Füß host
und werst nei die Höll gschmissn.
(46) (Der Vers fehlt in wichtiga Handschriftn)
(47) Und wenn dich dei Aach irr mecht im Glaubn,
reiß däs raus!
Es is besser, wennsd mit an Aach nein Gottesreich gehst,
wie wennsd zwaa Aang host und wersd nei die Höll geworfn,
(48) wo (wie gschriebn is) ihr Wurm net sterbt
und ihr Feuer net verlöscht.
(49) Denn jeder werd mit Feuer gsalzn wern.

(50) Des Salz is gut.
Wenn obä des Salz sei Salzkraft verliert,
mit wos söll's die Kraft wieder kriegn?
Ihr sollt unter euch Salz hom
und hobt Friedn unteranander!"

Scheidung söll net sei (Kapitel 10,1–12)

(1) Und er hot sich vo dort aufgemacht
und kummt nei die Gegend vo Judäa
und auf die drümer Seitn von Jordan,
und wieder sän ganza Massn
bei na zammgströmt,
und wie's sei Gewohnät wor,
hot er sie gelehrt.
(2) Und aa Pharisäer sän auf na zuganga
und hom na gfrocht, ob's für an Mo erlaubt is,
sei Fraa einfach fort zä jogn.
So hom sie na a Falln stelln gewöllt.
(3) Er obä hot äna geantwort und gsocht:
„Wos hot euch der Mose für a Gebot gebn?"

Anmerkung zu Kapitel 9, Vers 49

Salz brennt in anera Wundn wie Feuer. Mancha Leidnszeitn vo die Jünger könna sei wie Salz. Sie tun weh, obä sie helfn, daß mä net vom Herrgott abfällt.

Anmerkung zu Kapitel 9, Vers 50

Salz beißt und würzt. In aner Gemeinschaft muß mä manchsmol a offns und scharfs Wort song, dämit ausgeräumt werd, wos stört. Des muß sei, sünst gibts an fauln Friedn. A echter Friedn braucht „äs Salz", braucht äs Gspräch, wos reinigt. Des wünscht Jesus seina Jünger.

(4) Sie hom gsocht:
„Mose hot's zugelassn, daß mä an
Scheidebrief ausstellt
und die Fraa wegschickt."
(5) Jesus obä hot zu äna gsocht:
„Wäl euer Herz so hart is,
hot er euch des Gebot aufgschriebn.
(6) Seit Ofang vo der Schöpfung gilt, wos
aufgschriebn is:
‚Als Mo und als Fraa hot er sie gemacht',
(7) deswechä werd a Mensch sein Vorrä und sei
Murrä verlassn
(8) und die zwaa wern ganzägor zammhänga
so sän sie nümmer zwaa, sondern aa Lebn.
(9) Wos obä der Herrgott zammgfügt hot,
des soll der Mensch net trenna."
(10) Und im Haus hom na die Jünger wieder do
drüber gfrocht,
(11) und er secht zu äna:
„Wer sei Fraa fortjogt und a andera heiert,
der bricht die Eh mit ihr.
(12) Und wenn sie ihrn Mo naushaut
und heiert an andern,
bricht sie die Eh mit ihm."

Jesus und die Kinner (Kapitel 10,13–16)

(13) Und sie hom klana Kinnerla zu na nogetrogn,
daß er sie olanga söllät,
die Jünger obä hom sie ogepflaumt.
(14) Wie obä Jesus des gesehng hot,
is er fuchsteiflswild worn
und hot zu äna gsocht:
„Loßt die Kinnerla zu mir herkumma
und stellt euch net degechä,

denn grod für solcha is die Gottesherrschaft do.
(15) Wos ich euch soch, is gwiß wohr:
Wer die Gottesherrschaft net onimmt wie a klaans Kind,
der werd do net neikumma."
(16) Und er hot sie nei die Arm genumma,
hot sie a weng gemöhrt,
hot äna die Händ aufgelegt
und hot über ans nachn andern än Segn gsprochn.

Er wor reich und lieb und gut, obä . . .

(Kapitel 10,17–27)

(17) Und wie er sich auf'n Weg gemacht hot,
is aner hergeloffn, is vor na auf die Knie gfalln
und hot na gfrocht: „Guter Master, wos muß ich to,
daß ich am End des ewiga Lebn kriech?"
(18) Jesus hot zu na gsocht:
„Wos haaßt du mich gut?
Kans is gut, bloß aner, der Herrgott.
(19) Die Gebote waßt ja:
‚Du söllst net mordn!
Du söllst net ehebrechn!
Du söllst net stehln!
Du söllst ka falsch Zeugnis redn!
Du söllst kan beraubn!
Du söllst dein Vorrä und dei Murrä ehrn'."
(20) Der obä hot gsocht:
„Master, o des alles hob ich mich ghaltn
vo meinera Jugend o."
(21) Jesus obä hot na ogschaut
und hot na nei sein Herz gschlossn

und hot zu na gsocht:
„Ans fehlt dir nuch,
geh no, verkaaf alles, wos' d host,
und geb's die Arma!
Und du werst sehng,
du host an Schatz im Himmel.
Hopp! Geh mit, mir nach!"
(22) Der obä wor ganz niedergschlogn vo dera Red
und traurig is er fortganga,
wäl er wor aner mit an großn Besitz.
(23) Und Jesus hot sich umgeguckt
und secht zu seina Jünger:
„Wie schwer werd's für die wern,
die wu an Haufn Wor hom
daß sie ins Gottesreich neikumma."
(24) Die Jünger worn ganz aufgeregt über sei Redn.
Jesus obä hot wieder Antwort gebn und secht zu äna:
„Kinner, wie schwer des doch is,
in des Gottesreich neizäkumma!
(25) Leichter is, daß a Kamel durch a Nadelöhr geht,
als daß a Reicher nein Gottesreich kummt."
(26) Die Jünger obä worn völlig außer sich
und hom zuanander gsocht:
„Und für wen gibt's nochäd überhaupt nuch a Rettung?"
(27) Jesus obä hot sie ogeguckt und secht:
„Bei die Menschn – unmöglich!
Obä beim Herrgott is des anders, (wie gschriebn is:),
alles is möglich bei unsern Herrgott."

Verlust werd Gewinn (Kapitel 10,28-31)

(28) Do hot der Petrus des Redn ogfangt:
„Betracht amol uns:
mir hom alles verlossn
und sän dein Weg mitganga, dir nach."
(29) Jesus hot gsocht:
„Gwiß wohr is, wos ich euch soch:
Do is kaner, der Haus oder Brüder oder Schwester
oder Murrä oder Vorrä oder Kinner oder Äcker
verlossn hot wechä mir oder dem Evangelium –
(30) do is kaner, der net hundertfach wos däfür kriegn tät:
etzt in dera Zeit Häuser und Schwestern und Brüder
und Murrä und Kinner und Äcker mittn in Verfolgunga, –
und in der Welt, die nuch kummt,
kriecht er des ewiga Lebn.
(31) Viel, die etzät vorn dro sän,
wern die Letztn sei,
und die etzät hintn dro sän,
wern die Erschtn sei."

Zum dritten Mol: Der schwere Weg (Kapitel 10, 32–34)

(32) Und sie worn auf'n Weg
und sän naufganga nach Jerusalem,
und Jesus hot ihrn Zug ogführt,
und a Unruh hot sie gepackt,
und die ihm nachganga sän, hom sich gförcht.

Und er hot wieder die Zwölf auf die Seitn genumma
und ogfangt, über des zä redn,
wos äna bevorsteh und wos äna zustoßn söllät.
(33) „Ihr müßt etzät obacht gebn,
mir gehn nauf nach Jerusalem,
und der Menschensohn werd ausgeliefert wern
nei die Händ vo die Hohenpriester und die Schriftgelehrtn,
und sie wern na zän Tod verurteiln
und na die Heidn übergebn,
(34) und sie wern ihr Spiel mit na treibn
und na ospeia
und mit der schwern Peitschn schlogn
und sie wern na umbrenga.
Und nach drei Tag werd er aufersteh."

Wer obn sei will, muß untn bleibn

(Kapitel 10,35–45)

(35) Und der Jakobus und der Johannes, die Söhn vom Zebedäus,
gehn no zu na und song:
„Master, mir möchtn, daß du für uns tust,
üm wos mir dich bittn."
(36) Er obä hot zu äna gsocht:
„Wos wöllt ihr vo mir?
Wos soll ich für euch to?"
(37) Do hom sie zu na gsocht:
„Richt des so ei für uns, daß mir unsera Plätz kriegn
aner zu deinera Rechtn und aner zu deinera Linkn

in deiner Herrlichkeit!"
(38) Jesus obä hot zu äna gsocht:
„Ihr wißt net, üm wos ihr do bittn tut.
Könnt ihr den Becher trinkn,
den ich trinkn muß?
Oder getaaft wern mit der Taaf,
mit der ich getaaft wern muß?"
(39) Do hom sie zu na gsocht:
„Mir könna des."
Jesus obä hot zu äna gsocht:
„Des ko scho sei –
den Becher, den ich trink, den trinkt ihr,
und die Taaf, mit der ich getaaft wer,
mit der werd ihr getaaft,
(40) obä des Sitzn zu meinera Rechtn
oder zu meinera Linkn –
do drüber hob ich net zä bestimma;
wer wu nokummt,
des werd vom Herrgott bestimmt."
(41) Wie die Zehn des ghört hom,
hom sie sich aufgeregt über'n Jakobus und
än Johannes.
(42) Und Jesus hot sie zä sich gerufn
und secht zu äna:
„Ihr wißt, es sän era do,
die haltn sich für Herrscher über die Völker,
die setzn ihr Macht über dena voll ei,
und ihra Großn gehn mit Gewalt
gechä sie vor.
(43) Bei euch derf des auf kan Fall sei!
Wer a Großer wern will unter euch,
der söll euer Diener sei!
(44) Und wer unter euch der Erscht sei will,
der söll vo alla der Diener sei!
(45) Denn der Menschensohn is net kumma,

um sich bediena zä lossn,
sondern um zä diena
und sei Lebn zä gebn
als Lösegeld für alla Menschn."

A Blinder schreit und Jesus hört

(Kapitel 10,46–52)

(46) Und sie kumma nach Jericho.
Und wie er nochäd wieder aus Jericho rausganga is
mit seina Jünger und ziemlich viel Leut,
do wor der Sohn vom Timaius, der Bartimäus,
a blinder Bettler, am Weg gsessn.
(47) Und wie er ghört hot,
daß des der Jesus vo Nazareth is,
hot der zän Schreia ogfangt
und zän Lamätiern:
„Sohn Davids, Jesus, hob Erbarma mit mir!"
(48) Und die meistn hom na zammgeputzt,
daß er a Ruh gebn söll.
Obä er hot bloß noch viel ärger gebläkt:
(49) „Sohn Davids, hob Erbarma mit mir!"
Und Jesus is steh gebliebn und hot gsocht:
„Ruft na!" Und sie haaßn den Blindn her
und song zu na:
„Du host Glück, steh auf! Er ruft dich."
(50) Und er hot sein Mantl rogerissn,
is aufgsprunga und is zu Jesus kumma.
(51) Und Jesus is auf na eiganga und hot gsocht:
„Wos willst du, wos soll ich dir to?"
Der Blind hot zä na gsocht:
„Verehrter Master, daß ich wieder sehng ko."
(52) Und Jesus hot zä na gsocht:
„Geh hie! Dei Glaubn hot dir gholfn."

Und im selbm Augnblick hot er wieder
gsehng,
und er is auf sein Weg mitganga, ihm nach.

A merkwürdiger Einzug (Kapitel 11,1–11)

(1) Und wie sie in die Näh vo Jerusalem kumma
sän,
nach Bethphage und Bethanien am Ölberg,
schickt er zwaa vo seina Jünger los
(2) und secht zu äna:
„Geht in das Dorf vor euch!
Und gleich, wenn ihr do neikummt,
werd ihr a jungs Esäla finna,
auf dem nuch nie a Mensch draufghöckt wor;
bindt's los und brengt's her!
(3) Und wenn aans zä euch secht:
‚Wos macht'n ihr do?' socht ihr:
‚Der Herr braucht des
und er schickt's euch gleich wieder her'."
(4) Und sie sän losganga
und hom den junga Esl gfunna,
ogebundn o an Tor, draußn auf die Straß zu,
und sie bindn na los.
(5) Und a poor, die do rüm gstandn worn,
hom zu äna gsocht:
„Wos macht'n ihr do?
Tut einfach des Esäla losbindn!?"
(6) Sie obä hom zu äna gsocht,
wos ihna Jesus aufgetrogn hot,
und die hom sie in Ruh gelossn.
(7) Und sie brenga des Fülln zu Jesus
werfn ihra Klaader drüber,
und er hot sich draufgsetzt.
(8) Und viel Leut hom ihra Klaader auf'n Weg
gebrat't,

andera hom des mit Laabbüschl gemacht,
wu sie auf die Felder rogschnittn hom.
(9) Und die wu vorausgezogn sän
und die wu hintn nach geloffn sän,
die hom alla gschriea (wie's gschriebn is):
„Hosianna!
Segn soll sei auf dem,
der do kummt im Noma des Herrn!
(10) Segn soll sei auf der Herrschaft,
die do kummt,
auf der Herrschaft vom David, unsern Vorrä!
Hosianna in der Höh!"
(11) Und er is neiganga nach Jerusalem nein Templ
und ringsrüm hot er sich alles ogschaut,
und nochäd is er, wäl's scho spät wor in der Zeit,
mit die Zwölf nausganga nach Bethanien.

A Warnzeichn (Kapitel 11,12–14)

(12) Und om nächstn Toch,
wie sie vo Bethanien rausganga sän,
hot er an gscheitn Kohldampf kricht.
(13) Und wie er vo weitn an Feignbaam
mit Blätter gsehng hot,
is er noganga, ob er wos dro finna tät.
Und wie er nokumma is,
hot er nex dro gfunna äs wie die Blätter,
denn für die Feign selber wor's nuch zä bal.
(14) Dodrauf hot er zu den Baam gsocht:
„Niemols mehr in alla Ewigkeit
söll irgendaans a Frucht essn vo dir!"
Und seina Jünger hom des ghört.

Der Templ is ka Supermarkt

(Kapitel 11,15–19)

(15) Und wie er auf'n Templplatz kumma is,
hot er ogfangt, die nauszäwörfn,
die wu im Heiligtum ghökt und eikafft hom,
und die Tisch vo die Geldwechsler
hot er genauso umgschmissn
wie die Stånd vo die Taubnhändler.
(16) Und er hot's net gelittn,
daß jemand nuch irgend a Trumm
über'n Tempelplatz getrogn hot.
(17) Und er hot gelehrt und hot zu äna gsocht:
„Steht denn net gschriebn:
‚Mei Haus söll a Bethaus haaßn für alla
Völker,
obä wos hobt ihr draus gemacht?
A Räuberhöhl.' "
(18) Und die Hohenpriester und Schriftgelehrtn
hom's ghört
und sie hom gsucht, wie sie na vernichtn
könntn;
denn sie hom sich vor na gförcht,
wäl äs ganza Volk aufgewühlt wor vo
seinera Lehr.
(19) Und wie's spät worn is am Toch,
sän sie nausganga aus der Stadt.

Anmerkung zu Vers 15

ghökt kummt vo verhökern

Der Glaubn mecht's möglich

(Kapitel 11,20–25)

(20) In der Früh nochäd, im Väbeigeh
hom sie den Feignbaam wieder gesehng:
und do wor er vo die Wurzeln rauf verdörrt.
(21) Und der Petrus hot sich erinnert
und secht zu na:
(22) „Rabbi, schau no,
der Feignbaam, den wus'd verflucht host,
etzät is er verdörrt."
Und Jesus hot na Antwort gebn
und secht zu na:
„Ihr müßt an Glaubn hom on Herrgott.
(23) Gwiß wohr is, wos ich euch soch:
Wenn ans sochät zu den Berg:
‚Heb dich nei die Höh und werf dich nein Meer',
und er tät däbei net zweifeln in sein Herz,
sondern tät fest dro glaam,
daß des aa passiert, wos er do secht, –
es werd so für na gschehng.
(24) Deswechä soch ich euch:
Alles, für wos ihr betn und bittn tut, –
glabt fest dro
und ihr hobt des praktisch scho kricht,
und so werd des gschehng für euch.
(25) Und wenn ihr dort steht und bet',
nochäd söllt ihr vergebn,
wenn ihr gechä irgendan wos hobt,
dämit euer Vorrä im Himml
euch eura Fehltritt aa vergibt."
(26) (Der Vers fehlt in wichtiga Handschriftn)

Die Froch nach der Vollmacht

(Kapitel 11,27–33)

(27) Und sie kumma wieder nach Jerusalem nei,
und wie er im Tempel ümänander geht,
kumma die Hohenpriester und die Schriftgelehrtn
und die Ältestn zu na
(28) und hom gsocht:
„In wos für anera Vollmacht mechst du des,
oder: wer hot dir a södda Vollmacht gebn,
daß du des machn kost?“
(29) Jesus obä hot zu äna gsocht:
„Ich will euch dodäzu a aanziga Froch stelln,
und ihr söllt mir a Antwort gebn,
und dann erscht soch ich euch,
in wos für anera Vollmacht ich des tu.
(30) Die Taaf vom Johannes –
wor die vom Himmel oder wor die vo Menschn?
Und etzät gebt mä die Antwort!“
(31) Und sie hom unteranander hie und her überlegt
und gsocht: „Wenn mir song ‚vom Himmel‘,
nochäd werd er song: ‚Warum hobt ihr na net geglabt?‘,
(32) song mir obä ‚vo Menschn‘. . . ,“ –
des wolltn sie aa net,
wäl sie sich gförcht hom vo die Leut,
denn alla hom än Johannes für an echtn Profetn ghaltn.
(33) Und endlich gehn sie aus sich raus und song zä Jesus:
„Mir wissen’s net.“
Und Jesus secht zu äna:

„Nochäd soch ich euch aa net,
in wos für anera Vollmacht ich des tu.“

A schlimma Gschicht (Kapitel 12,1–12)

(1) Und er hot ogfangt, in Gleichnisse zu äna zä redn:
„A Mensch hot an Weinberg ogelegt
und hot an Zau rümgemacht und hot an Keltertrog gegrobn
und hot an Turm gebaut.
Dann hot er na o an Weinbauern verpacht
und is nein Ausland gschauklt.
(2) Und wie's Zeit wor,
hot er an Knecht zä die Weinbauern gschickt,
dämit er sein Taal vo den Weinberg
bei die Weinbauern holät,
(3) obä die hom na genumma, hom na herghaut
und hom na ohna alles zärückgejogt.
(4) Und wieder hot er an andern Knecht zu äna gschickt,
und aa den hom sie än Kopf blutig gschlogn
und hom na behandelt wie an Verbrecher.
(5) Und er hot wieder an andern gschickt,
und den hom sie ganzägor umgebrocht.
Und nuch viel andera hot er gschickt,
obä die an hom sie sakrisch durchlaafn geloßt
und die andern hom sie niedergemacht.
(6) Etzät hot er nuch an ghobt,
des wor sei geliebter Sohn,
und den hot er als letztn zu äna gschickt
und hot sich däbei gsocht:
„Vor mein Bubn wern sie sich doch scheua.“
(7) Sella Weinbauern obä hom zuanander gsocht:
„Des is der Erb.

Geht zu! Den brenga mä aa üm!
Nochäd machn mir die Erbschaft."
(8) Und sie hom na gepackt und hom na ümgebrocht,
und dann hom sie na nuch aus'n Weinberg nausgeworfn. –
(9) Wos werd der Herr vo den Weinberg do machn?
Er werd kumma und die Weinbauern ümbrenga
und den Weinberg o andera vergebn.
(10) Hobt ihr net des Schriftwort gelesn:
'Der Staa, den wu die Bauleut verworfn hom,
derselb is zum Eckstaa worn,
(11) vom Herrn is des gschehng,
und is a Wunder vor unsera Aang.'?"
(12) Und sie hom dänoch gsucht,
wie sie na nei ihra Gewalt brenga könnätn,
obä zägleich hom sie sich gförcht vor die Leut,
wäl sie gemerkt hom,
daß er des Gleichnis wechä ihnäna gsocht hot.
Und sie hom na in Ruh gelossn und sän abghaut.

Die Falln mit der Steuer (Kapitel 12,13–17)

(13) Und sie schickn zu na
a poor vo die Pharisäer und vo die Herodianer,
dämit sie na nei anera Falln lockn,
a falschs Wort hätt scho gelangt.
(14) Und sie kumma und song zu na:
„Master, mir wissn, daß du ehrlich bist,
egal wos die andern maana,

du paßt net drauf, ob'sd bei die Menschn
ogsehng bist,
du brengst die Wohrät, wenn du än
Gottesweg lehrst.
Etzät unner Froch:
Derf mä den Kaiser Steuern zohln
oder derf me des net?
Söll mä na a Geld gebn
oder söll mä na nex gebn?"
(15) Er obä hot ihr Hinterlistigkeit gemerkt
und hot zu äna gsocht:
„Warum wöllt ihr mich neilegn?
Brengt mä an Denar, dämit ich na siehch!"
(16) Do hom sie an gebrocht.
Und er secht zu äna:
„Vo wen is des Bild do drauf
und vo wen is die Aufschrift?"
Sie hom gsocht: „No, von Kaiser."
(17) Do hot Jesus zu äna gsocht:
„Wos än Kaiser ghört,
des gebt än Kaiser wieder zärück!
Und wos än Herrgott ghört,
des gebt än Herrgott wieder zärück!"
Und sie sän aus'n Stauna über na gar nümmer
rauskumma.

Wie is des Lebn nach'n Tod?

(Kapitel 12,18–27)

(18) Und die Pharisäer kumma zu na,
die wu ümmer song, daß ka Auferstehung gibt,
und sie hom na gfrocht und hom gsocht:
(19) „Master, der Moses hot uns aufgschriebn:
‚Wenn der Bruder vo jemand sterbt
und a Fraa zärückläßt, und ka Kind do is,
nochäd söll sei Bruder die Fraa nehma

und für sein Bruder an Nachkumma zeugn.'
(20) Etzät worn do siebn Brüder.
Der erscht hot a Fraa genumma,
und wie er gstorbn is, hot er kan
Stammhalter ghobt.
(21) Und der zweit hot sie genumma,
und wie der gstorbn is,
wor wieder ka Sprößling do,
und beim drittn wor's genauso.
(22) Und alla siebn hom sie kan Nachkumma
hergebracht.
Und zuletzt vo alla is aa die Fraa gstorbn.
(23) Und etzät bei der Auferstehung,
wenn die alla auferstehn,
wem sei Fraa is sie eigentlich nochäd?
Es hom sie doch alla siebn als Fraa ghobt?"
(24) Jesus hot zu äna gsocht:
„Seid ihr vielleicht deswechä irr dro
wäl ihr die Schriftn net kennt
und den Herrgott sei Macht aa net?
(25) Denn wenn sie vo die Totn auferstehn,
nochät heiern sie net
und sie lossn sich net heiern,
sondern sie sän wie die Engl im Himml.
(26) Und nuch wos zä die Totn,
daß sie auferstehn, –
hobt ihr net im Mosesbuch
die Gschicht vo dem Dornbusch gelesn,
wie der Herrgott zän Moses secht:
‚Ich bin der Gott Abrahams
und der Gott Isaaks
und der Gott Jakobs'?
(27) Er is also net der Gott vo die Totn,
sondern vo die Lebendign.
Ihr seid auf anera ganz falschn Fährtn."

Wos an erschter Stell kummt

(Kapitel 12,28–34)

(28) Und aner vo die Schrifgelehrtn is
däzukumma,
der wu ghört hot, wie sie diskeriert hom;
wie er gemerkt hot,
daß Jesus äna guta Antwortn gebn hot,
hot er na gfrocht:
„Welchs Gebot kummt an erschter Stell,
vor alla andern?"
(29) Und Jesus hot geantwort:
„O erschter Stell steht: Hör zu, Israel,
der Herr, unser Gott, is der aanziga Gott,
(30) und du sollst den Herrn, dein Gott liebn
mit dein ganzn Herz und deinera ganzn Seel,
mit alla deina Gedankn und mit deinera
ganzn Kraft;
(31) und o zweiter Stell kummt des:
Du sollst dein Nächstn liebn wie dich selber!
Größer wie die zwaa is ka anders Gebot."
(32) Und der Schriftgelehrt hot zu na gsocht:
„Des wor gut, Master,
du host die Wohrät ausgsprochn:
Er is der aanzig
und es gibt kan andern außer ihm,
(33) und ihn zä liebn mit ganzn Herz
und mitn ganzn Verstand
und mit ganzer Kraft
und den Nächstn wie sich selber –
des ist viel mehrä wert als wie olla Brandopfer
und wos sünst noch für Opfer gibt."
(34) Und wie Jesus gemerkt hot,
daß des a verständiga Antwort wor,
hot er zu na gsocht:

„Du bist net weit weg vom Gottesreich.“
Und kans hot sich mehr getraut,
ihn wos zä frong.

Die Schriftgelehrtn wern belehrt

(Kapitel 12,35–37)

(35) Obä Jesus hot weiter mit die Leut geredt
und hot im Templ gelehrt:
„Wieso song die Schriftgelehrtn:
‚Der Messias is dem David sei Sohn‘?
(36) Der David selber hot doch
durchn Heilign Geist gsocht
(in an Psalm):
‚Der Herrgott hot
zu mein Herrn (dem Messias) gsprochn:
Setz dich zä meinera Rechtn,
bis ich deina Feind unter dei Füß leg.‘
(37) Der David selber nennt do den Messias
‚Herr‘;
wie soll nochäd der sei Sohn sei?“

Obacht vor die Heuchler!

(Kapitel 12,38–40)

(38) Und a Haufn Leut worn do,
die wu na gern zughört hom.
Bei seinera Lehr hot er nuch gsocht:
„Gebt obacht bei die Schriftgelehrtn,
die sän drauf aus,
in schöna langa Mäntl rümzästatzn
und sich grüßn zä lossn auf die Marktplätz,
(39) und in die Synagogn ganz vorn dro zä sitzn
und bei die Festmähler auf die Ehrnplätz
zä kumma;
(40) die schiebn sich die Häuser
vo die Witweiber nei

und nach außn hie sprechn sie langa Gebete,
obä a um so härters Urteil werd sie
erwüschn."

Die Spendn-Königin (Kapitel 12,41–44)

(41) Und Jesus hot sich gechäüber vom
Opferstock a Plätzla gsucht
und zugeguckt, wie die Leut Geld nei den
Kastn geworfn hom,
und viel Reicha hom aa viel neigeworfn.
(42) Do is a armseliga Witfraa kumma
und hot zwaa Lepta neigeworfn,
des sän a poor Pfennig.
(43) Und er hot seina Jünger herghaaßn
und hot zu äna gsocht:
„Gwiß wohr is, wos ich euch soch:
Die Witfraa do, die wu so arm is wie
a Kärngmaus,
die hot mehrä hergebn als wie alla andern,
die wu nei den Kastn geworfn hom.
(44) Denn alla hom sie neigeworfn vo dem,
wos sie zä viel hom,
die Fraa obä hot neigeworfn
vo ihrn Hungerlohn,
und des wor alles, wos sie ghobt hot,
alles, wos sie nämlich selber zän Lebn
gebraucht hätt."

Schwera Zeitn (Kapitel 13,1–13)

(1) Und wie er vom Templ weggeht,
secht aner vo seina Jünger:
„Master, schau dir des o!
Wos für Staa und wos für Bautn!"
(2) Und Jesus hot zu na gsocht:
„Du sichst etzät do die gewaltign Bautn?

Obä do werd ka Staa auf'n andern bleibn
do werd kaner sei,
der wu net zerstampft werd."
(3) Und er hot sich nogsetzt auf'n Ölberg,
gechäüber vom Templ,
und wie sie allaa für sich worn,
do hot na der Petrus gfrocht
und mit ihm der Jakobus
und der Johannes und der Andreas:
(4) „Soch uns, wenn werd des sei?
Und wos is des Zeichn dodäfür,
daß des alles zä an End gebrocht werd?"
(5) Jesus obä hot ogfangt und hot gsocht:
„Gebt obacht, daß euch kans verführt!
(6) Viel wern kumma in mein Noma
und wern song: ‚Ich bin's'
und sie wern viel verführn.
(7) Wenn ihr obä hört vo Kriege
und vo Gerüchte über Kriege,
nochäd söllt ihr net erschreckn!
Des muß eitreffn, is obä nuch net äs End.
(8) Denn Volk gechä Volk werd sich aufhetzn lossn
und Königreich gechä Königreich.
Es werd überoll Erdbebn gebn,
und es werd Hungersnöt gebn.
Des ist der Ofang vo die Wehen.
(9) Paßt auf euch selber auf!
Ihr werd o die Gerichte ausgeliefert,
ihr werd in die Synagogn ausgepeitscht,
ihr werd vor Herrscher und König gstellt,
alles wechä mir, und ihna zän Zeugnis.
(10) Und alla Völker muß zäerscht
äs Evangelium verkündigt wern.
(11) Und wenn sie euch noführn und ausliefern,

macht euch kana Sorgn, wos ihr redn söllt,
sondern wos euch eigebn werd in dera Stund,
des söllt ihr song!
Des seid nämlich net ihr, die do redn,
sondern der Heilig Geist is des.
(12) Und a Bruder werd sein Bruder ausliefern
nein Tod,
und a Vorrä sei Kind,
Kinner wern gechä ihra Eltern aufsteh
und äna den Tod brenga.
(13) Und ihr werd bei alla verhaßt sei
deswechä, wäl ihr mein Noma trogt.
Wer obä aushält bis zän End,
für den kummt die Rettung.

Des End kummt schnell (Kapitel 13,14-20)

(14) Wenn ihr obä secht, daß des gräßlicha
Standbild
– ‚Greuel der Verwüstung' song mir –
wenn ihr secht, daß des Bild dort steht,
wu's niemals sei derf,
– der Leser soll etzät obacht gebn! –
nochäd sölln die Leut vo Judäa
nei die Berg flüchtn!

Anmerkung zu Kapitel 13, Vers 14

O dera Stell merkt mä, wie der Markus gor net wörtlicha Redn vo Jesus brenga will. Er hot sei Evangelium für Leser gschriebn und dena legt er aus, wos Jesus gemaant hot. „Der Greuel der Verwüstung" – do hot der Markus wohrscheins o des Standbild vo an römischn Kaiser gedocht, der wu im Templ, im größtn Heiligtum vo die Judn, als Gott verehrt wern gewöllt hot. Sowos gibts immer wieder, mancha Mächtign führn sich auf wie a Gott, sie möchätn on Herrgott seiner Stell. Vo södda muß mä sich hütn, demit mä än Herrgott net verliert. Und der hot äs letzta Wort! Deswechä steht do: „Der Leser söll etzät obacht gebn!"

(15) Wer grod auf'n Dach is,
soll net rosteign und neigeh,
wäl er aus sein Haus vielleicht nuch wos
holn möchät!
(16) Und wer auf'n Acker is,
der söll net nuch amol zärückgeh,
wäl er vielleicht sein Mantel nuch holn
möchät!
(17) A Jammer is für die Schwangern
und für die, die wu grod ihr Stillzeit hom,
a Jammer is in dena Toch!
(18) Bet't fest, daß es net im Winter passiert!
(19) Denn sella Toch wern a schlimma Not
brenga,
wie's a solcha nuch nie gebn hot
vo Ofang der Schöpfung,
die der Herrgott gschaffn hot,
bis zän heutign Toch,
und a södda werd's a nie mehr gebn.
(20) Und wenn der Herr die Toch net abgekürzt
hätt,
dann könnät vo dena, die aus Fleisch und
Blut sän,
ka aanziger a Rettung finna.

Falscha Profetn (Kapitel 13,21–23)

(21) Und dann, wenn aans zä euch secht:
‚Paß auf, do is der Messias!
Paß auf, dort is er!' – Glabt's jo net!
(22) Es wern Lügn-Mesiasse auftretn und Lügn-
Profetn
und sie wern Zeichn und Wunder to,
dämit sie, wenn's gingät,
die Auserwähltn nuch ganzägor
durchanander brengätn.

(23) Ihr obä schaut genau no!
Ich hob euch alles vorausgsocht!

Endlich: Der Menschensohn

(Kapitel 13,24–27)

(24) In dena Toch nach der schlimma Not
werd die Sunna dunkl wern
und der Mond werd sein Schein nümmer gebn
(25) und die Stern wern vom Himml runterfalln
und die Kräft, die wu im Himml sän,
wern erschüttert wern.
(26) Und dann wern sie den Menschensohn
in die Wolkn kumma sehng
mit großer Macht und Herrlichkeit.
(27) Und dann werd er die Engl ausschickn
und seina Auserwähltn aus die vier Himmlrichtunga sammln –
vo do, wu des End vo der Erdn is,
bis do no, wu des End vom Himml is.

Rechna hilft nex, obä wachn

(Kapitel 13,28–37)

(28) Vom Feignbaam obä söllt ihr des Gleichnis lerna:
Wenn der Saft nei seina Ästä steigt,
und die Knospn aufplatzn,
dann wißt ihr, daß der Summer nah is.
(29) Genauso söllt ihr wissn:
Er is nah vor der Tür,
wenn ihr secht, wie alla Vorhersogn eitreffn,
die wu ich euch gsocht hob.
(30) Gwiß wohr is, wos ich euch soch:
Die Sortn werd net vergeh,

bis net alla Vorhersagn eigätroffn sän.
(31) Der Himmel und die Erdn wern vergeh,
obä meina Worte wern net vergeh.
(32) Über sella Toch freilich oder über die Stund
waaß ka Mensch Bescheid,
net amol die Engl im Himml,
und aa net der Sohn,
bloß der Vorrä, der allaa.
(33) Gebt obacht und schloft net ei!
Ihr wißt net, wenn die Zeit do is.
(34) Des is wie in der Gschicht vo an Menschn, der verreist wor.
Er hot sei Haus verlossn
und seina Knecht hot er a Vollmacht gebn,
an jedn für sei Ärbät.
Und den Türhüter hot er aufgetrogn,
daß er wachn söll.
(35) So söllt ihr aa wachn!
Ihr wißt net, wenn der Hausherr kummt,
ob spät omds oder zä mittlera Nacht
oder beim erschtn Hohnaschrei
oder zäfrüh.
(36) Aans söll net sei, wenn er plötzlich kummt,
daß er euch beim Schlofn derwüscht.
(37) Wos ich euch soch, des soch ich alla:
Ihr söllt wachn!"

A tödlicher Plan (Kapitel 14,1–2)

(1) Es worn obä nuch zwaa Toch bis zän Passafest
und dem Fest der „Ungsäuerten Brote",
und die Hohenpriester und Schriftgelehrten
hom dänoch gsucht, wie sie Jesus mit anera List

nei ihra Gewalt brenga und nochät
umbrenga könntn.
(2) Und sie hom gsocht:
„Jo net am Fest,
dämit im Volk ka Aufstand losgeht!“

A Fraa, die mä nie vergißt (Kapitel 14,3–9)

(3) Und wie er in Bethanien
im Haus vom Simon, dem Aussätzign, wor
und grod zän Essn sein Platz eigenumma hot,
do is a Fraa reikumma
und hot wos ganz Besonders mitgebrocht:
A Salbnkrügla vo Alabaster
mit echtn kostborn Nardnöl drinna.
Und sie hot vo den Krügla än Stopfer
rausgäzogn
und äs Öl über sein Kopf gschütt.
(4) A poor hom sich do drüber arg aufgeregt
und unteranander gsocht:
„Für wos hot etzät des sei sölln,
so a Verschwendung vo den Salböl?
(5) Mä hätt des Salböl für 300 Denar verkaafn
gekönnt,
(des sän a poor hundert Goldmark) –
und des Geld hätt mä die Arma gebn könna.“
Und sie hom die Fraa zammgschennt.
(6) Jesus obä hot gsocht:
„Loßt sie in Ruh!
Wos macht ihr dera Fraa soviel Unmus?
Sie hot a guts Werk o mir geto!
(7) Arma Schlucker hobt ihr jederzeit bei euch,
und dena könnt ihr Gut’s to,
so öft ihr wöllt;
obä mich hobt ihr net ümmer.

(8) Wos ihr möglich wor, hot sie geto:
Im voraus scho hot sie mein Körper
fürs Begräbnis gsalbt.
(9) Gewiß wohr is, wos ich euch soch:
wenn des Evangelium auf der ganzn
Welt verkündigt werd,
des ko sei, wo's will,
dann werd aa dodävo geredt,
wos die Fraa geto hot –
sie söll nie vergessn wern!"

Judas (Kapitel 14,10–11)

(10) Und Judas Ischarioth, der aa vo die Zwölf,
is weggschlichn zä die Hohenpriester,
wäl er na o dena ausliefern wollt.
(11) Wie die des ghört hom, hom sie sich gfreut
und versprochn, daß sie na a Geld gebn.
Und er hot geluurt,
wie er na bei anera günstign Gelegnheit
ausliefern könnt.

Der Herr läßt a Festmahl richtn
(Kapitel 14,12–16)

(12) Und am erschtn Toch vo die „Ungsäuertn
Brote",
zu dera Zeit, wo mä des Passalamm gschlacht
hot,
song die Jünger zu na:
„Wo willst du, daß mä nogehn und alles
herrichtn,
dämit du des Passalamm essn kost?"
(13) Und er schickt zwaa vo seina Jünger fort
und secht zu äna:
„Geht nei die Stadt!

Und es werd euch a Mensch begegna,
der trägt an Wasserkrug, – dem geht ä nach!
(14) Und dort, wu er neigeht, redt ihr den Hausherrn so o:
,Der Master läßt frong: Wu is mei Unterkunft,
daß ich des Passalamm mit meina Jünger essn ko?'
(15) Und er werd euch a großa Stubn obn drinna weisn,
die is mit an Teppich ausgelegt und fertig hergericht.
Und dort söllt ihr alles für uns vorbereitn."
(16) Und die Jünger sän fortganga
und nei die Stadt kumma
und hom's so ogetroffn,
wie er's zu äna gsocht hot,
und sie hom des Passamahl hergericht.

A Festmahl ohna Beispiel (Kapitel 14,17–26)

(17) Und wie's Omd worn is,
kummt er mit die Zwölf.
(18) Und wie sie sich's bequem gemacht hom
und beim Essn worn,
hot Jesus gsocht:
„Gwiß wohr is, wos ich euch soch:
Aner vo euch werd mich ausliefern,
der is es, der wu mit mir ißt."
(19) Sie sän traurig worn und hom zu na gsocht
aner nachn andern: „Doch net ich?"
(20) Er obä hot zu äna gsocht:
„Aner vo die Zwölf, – der is es,
der wu mit mir in die gleich Schüssel eitunkt.
(21) Der Menschensohn geht zwor dähie,
wie über na gschriebn is,

obä a Jammer is mit dem Menschn,
durch den der Menschnsohn ausgeliefert
werd.
Es wär besser für na,
wenn er nie geborn worn wär, seller
Mensch!"

(22) Und wie sie beim Essn worn,
hot er des Brot genumma,
hot än Segn drüber gsprochn
und hot's gebrochn.
Und er hot's äna gebn und hot gsocht:
„Nehmt, des is mei Leib!"
(23) Und er hot den Becher genumma,
hot än Segn drüber gsprochn
und hot na weitergebn,
und sie hom alla draus getrunkn.
(24) Und er hot gsocht:
„Des is mei Blut, des ghört zum Gottesbund,
des is vergossn für viel.
(25) Gwiß wohr is, wos ich euch soch:
Ich werd nümmer vo dera Frucht trinkn,
die wu am Weistock wächst,
bis ich sie neu trink im Gottesreich."
(26) Sie hom dann än Lobgesang ogstimmt,
und dänoch sän sie naus zum Ölberg ganga.

Der Petrus will stark sei (Kapitel 14,27–31)

(27) Und Jesus secht zu äna:
„Ihr werd euch alla stoßn on mir und
umfalln,
wies gschriebn is: ‚Ich werd den Hirtn
schlogn,
und die Schäfla wern zerstreut.'
(28) Obä nach meiner Auferstehung
werd ich euch nach Galiläa vorausgeh."

(29) Der Petrus obä hot zu na gsocht:
„Und wenn sie alla umfalln,
ich auf kan Fall!“
(30) Und Jesus secht zu na:
„Gwiß wohr is, wos ich dir soch:
Grod du werst heit in dera Nacht,
nuch bevor der Göker zwaamol kräht,
mich dreimol verleugna.“
(31) Er obä hot nuch eifriger gsocht:
„Und wenn ich sterbn müssät mit dir,
ich werd dich auf kan Fall verleugna.“
Genauso hom die andern aa geredt.

Jesus will net allaa sei (Kapitel 14,32–42)

(32) Und sie kumma zu der Gemarkung,
die wu „Gethsemane“ haaßt,
und er secht zä seina Jünger:
„Höckt euch doher, bis ich gebet't hob!“
(33) Und er nemmt mit sich
än Petrus und än Jakobus und än Johannes
und hot ogfangt, zä zittern und zä zagn,
(34) und er secht zu äna:
„Mei Seel is arg traurig bis auf'n Tod,
bleibt do und wacht!“
(35) Und er is a klans Stückla weiterganga
und hot sich aufn Erdbodn nogeworfn
und hot gebet't, daß, wenn's möglich wär,
die Stund o na vorbeigehät:
(36) „Abba, Vorrä, dir is alles möglich,
loß den Becher o mirväbeigeh!
Obä: net wos ich will,
sondern wos du willst, söll gschehng.“
(37) Und er kummt und findt sie, wie sie schlofn,
und er secht zän Petrus:

„Simon, du schlöffst?
Host du's net zammgebrocht,
aa Stund wach zä bleibn?
(38) Ihr söllt wachn und betn,
dämit ihr net in Versuchung kummt,
innawendig möchät mä scho,
obä als Mensch is mä halt schwach."
(39) Und wieder is er wegganga und hot gebet't
und hot dieselbn Wörter gsocht.
(40) Und er is kumma und hot sie gfunna,
wie sie wieder gschlofn hom,
denn die Aangdeckel hot's äna rogezogn
ghobt,
und sie hom net gewißt, wos sie na antwortn
sölln.
(41) Und er kummt zän dritten Mol und secht zu
äna:
„Ihr schloft aa nuch das letzte bißla
und liegt do in aller Ruh.
Es langt:
die Stund is do, macht die Aang auf!
Der Menschensohn werd ausgeliefert
nei die Händ vo die Sünder.
(42) Steht auf! Mir müssn geh.
Schaut no! Der mich ausliefert, kummt
grod."

Jesus werd verhaft' (Kapitel 14,43–52)

(43) Und gleich, wie er nuch geredt hot,
kummt der Judas auf na zu, aner vo die Zwölf,
und mit ihm a Rottn mit Säbl und Speere,
und mit däbei sän die Hohenpriester
und die Schriftgelehrtn und die Ältestn.
(44) Zävor obä hot der, der wu na ausgeliefert
hot,

mit äna a Kennzeichn ausgemacht und gsocht:
„Den wu ich an Kuß geb, der is!
Den müßt ihr festnehma und sicher abführn.“
(45) Und gleich wie der kummt,
geht er auf na zu und secht:
„Rabbi“, und dann hot er na den Begrüßungskuß gebn.
(46) Die andern obä hom ihra Händ auf na gelegt
und hom na gfanga genumma.
(47) Do hot aner vo dena, die wu däbei gstandn worn,
sein Säbl rausgezogn
und hot auf den Knecht vom Hohenpriester neighaut,
do däbei hot er na a Ohr abgsäbelt.
(48) Und Jesus hot geantwort und hot zu äna gsocht:
„Wie gechä an Räuber seid ihr ausgezogn
mit Säbl und Speere, bloß daß ihr mich verhaft.
(49) Däbei wor ich jedn Toch bei euch im Templ
und hob gelehrt, und ihr hobt mich net verhaft',
obä so sölln die Schriftn erfüllt wern.“
(50) Und alla hom sie na verlossn und sän ausgerissn.
(51) Und a junger Mo is na nachganga,
der wu nex oghabt hot wie an Umhang.
Den Mo hom sie aa gepackt,
(52) er hot obä den Umhang sausn lossn
und is mit nex o abghaut.

Jesus werd zum Tod verurteilt

(Kapitel 14,53–65)

(53) Und sie hom Jesus zän Hohenpriester weggführt;
und do versammeln sich alla Hohenpriester
und die Ältestn und die Schriftgelehrtn.
(54) Und der Petrus is na mit weitn Abstand nachganga
bis nein Hof vom Hohenpriester
und er wor mit bei die Diener ghöckt
und hot sich am Feuer gwärmt.
(55) Die Hohenpriester obä und des ganza Gericht
hom nach aner Zeugnaussog gechä Jesus gsucht,
dämit sie äs Todesurteil fälln könntn,
obä sie hom nex gfunna.
(56) Viel hom falscha Aussagn gechä na gemacht,
und ihra Zeugnis hom net übereigstimmt.
(57) Und a poor sän aufgstandn
und hom a falsch' Zeugnis gechä na vorgebrocht
und hom gsocht:
(58) „Mir hom na song hörn:
‚Ich werd den Templ, der mit Händ gemacht is, abbrechn
und nach drei Toch werd ich an andern nostelln,
der net mit die Händ gemacht is.' "
(59) Und aa so wor ihr Zeugnis net gleich.
(60) Und der Hohepriester hot sich nei die Mittn gstellt
und hot Jesus befrocht und hot gsocht:
„Und du gibst gor ka Antwort auf des,

wos die gechä dich vorbrenga?"
(61) Er obä hot gschwiegn
und hot ka anziga Antwort gebn.
Do hot na der Hohepriester wieder befrocht
und secht zu na:
„Bist du der Messias, der Sohn des
Hochgelobtn?"
(62) Do hot Jesus gsocht:
„Ich bin's, und ihr werd den Menschensohn
sehng,
wie er sein Platz zur Rechtn der Macht hot
und wie er kummt mit die Wolkn des
Himmls."
(63) Do hot der Hohepriester seina Gewänder
in der Mittn ausanandergerissn und secht zu
na:
„Wos brauch mä do nuch Zeugn?
(64) Ihr hobt die Lästerung ghört.
Wos is euer Meinung?"
Und alla hom si na verurteilt,
daß er auf'n Tod schuldig wär.
(65) Und a poor hom ogfangt,
daß sie na ogspiea hom,
und sie hom na die Aang verbundn
und hom na gschlogn und hom gsocht:
„Etzät mach a Weissagung!"
Und die Diener hom na aa nein Gsicht
gschlogn.

Beim Hahnaschrei muß Petrus greina

(Kapitel 14,66–72)

(66) Derweil wor der Petrus untn im Hof,
und es kummt ana von Hohenpriester seina Maadn
(67) und sicht, wie der Petrus sich wärmt.
Do schaut sie na genauer o und secht zu na:
„Du worst doch aa bei den Nazarener, bei den Jesus."
(68) Er obä hot's abgeleugnt:
„Ich waaß vo nex
und ich versteh aa net, wos du do red'st."
Und er is nausganga nein Vorhof.
(69) Obä die Maad hot na doch gsehng
und zu dena, die wu rümgstandn worn,
hot sie wieder äs redn ogfangt:
„Der is aner vo dena!"
(70) Er obä hots wieder abgeleugnt.
Und a weng dänoch hom die,
die wu rümgstandn worn,
wieder zän Petrus gsocht:
(71) „Wohr is, du ghörst zä dena,
du bist doch a Galiläer!"
Obä er hot es Fluchn und es Schwörn ogfangt:
„Ich kenn den Menschn net,
vo dem wu ihr do redt!"
(72) Und in dem Moment hot der Göker
äs zweita Mol sein Schrei geto.
Und do is den Petrus der Satz eigfalln,
wie Jesus zu na gsocht hot:
„Nuch bevor der Göker zwaamol kräht,
werst du mich dreimol verleugna."
Und er is nausgstörzt
und hot gegrinna wie a Schloßhund.

Pilatus frocht (Kapitel 15,1–5)

(1) Und gleich zäfrüh nuch
hom sie an Beschluß gfaßt,
des worn die Hohenpriester mit die Ältestn
und die Schriftgelehrtn und des ganza
Gericht.
Nochäd hom sie Jesus gfesselt abführn lossn
und hom na än Pilatus übergebn.
(2) Und der Pilatus hot na befrocht:
„Du bist der König vo die Judn?"
Er obä hot geantwort und secht zu na:
„Du sechst es."
(3) Und die Hohenpriester hom na wechä viel
Sachn beschuldigt.
(4) Der Pilatus obä hot na wieder befrocht:
„Host du gor ka Antwort do drauf?
Du mußt doch sehng, wieviel Vorwürf daß
sie dir machn!"
(5) Jesus obä hot na überhaupts ka Antwort
mehr gebn,
so daß sich der Pilatus gewundert hot.

Volksentscheid: „Kreuzig' na!"
(Kapitel 15,6–15)

(6) Aufs Fest hot er än Volk ümmer an Gfangna
freigebn,
den wu sie sich ausgsucht hom.
(7) Do wor desmol aner mit Noma Barrabas,
der wor eigsperrt mit andera Revoluzzer,
die wu bei an Aufstand an Mord beganga
hom.
(8) Und die Leut sän naufgezogn
und hom ogfangt, des zä derbittn,
wos er sünst aa immer für äna geto hot.

(9) Der Pilatus obä hot geantwort und hot zu äna gsocht:
„Wöllt ihr, daß ich euch den ‚König der Judn' freigeb?"

(10) Er hot nämlich gewißt, daß die Hohenpriester
ihn übergebn hom, wäl sie auf na neidisch worn.

(11) Die Hohenpriester obä hom die Leut aufghetzt,
daß er äna lieber den Barrabas freigebn söllät.

(12) Do hot der Pilatus geantwort
und nuch amol zu äna gsocht:
„Wos söll ich etzät mit dem machn,
der wu ‚König der Judn' bei euch haaßt?"

(13) Do hot die Massa wieder gschriea: „Kreuzig' na!"

(14) Obä der Pilatus hot zu äna gsocht:
„Wos hot er denn Schlimms verbrochn?"
Do is der Lärm nuch größer worn
und sie hom gschriea: „Kreuzig' na!"

(15) Der Pilatus hot äna endlich den Gfalln to gewöllt
und hot den Barrabas freigelossn.
Jesus obä hot er vro nuch auspeitschn lossn
und dann hot er na die Soldaten übergebn,
daß sie na kreuzign.

A grausams Spiel (Kapitel 15,16–20)

(16) Die Soldatn hom na weggführt
nein Innahof – des is des Prätorium –
und hom die ganza Kohortn zammgetrommelt.

(17) Dann hom sie na an Purpurmantl ogezogn
und a Krona aus Dörner aufgsetzt,
die wu sie zävor selber gepflochtn hom.
(18) Und sie hom ogfangt, ihn zä begrüßn:
„Heil dir, König der Judn!“
(19) Und sie hom na mit an Rohr auf'n Kopf ghaut,
sie hom na ogspiea,
sie hom ihra Knie vor na gebeugt
und sie hom sich vor na niedergeworfn.
(20) Auf die Art hom sie ihrn Spott mit na getriebn.
Wie des rüm wor, hom sie na den Purpurmantl wieder ausgezogn
und sei eigna Klaader ogezogn.
Und führn na gleich drauf naus, um na zä kreuzign.

Jesus werd ans Kreuz gschlagn

(Kapitel 15,21–28)

(21) Und dann zwinga sie an, der wu grod väbeigeht,
den Simon vo Kyrene, der grod vom Acker kummt,
den Vorrä von Alexander und von Rufus, –
den Simon zwinga sie, äs Kreuz zä trogn.
(22) Und sie brenga na zän Platz Golgotha,
des haaßt übersetzt „Schädlplatz“.
(23) Und sie hom na Wei gebn,
wu Myrrhe beigemischt wor,
obä er hot nex genumma.
(24) Und sie schlogn na ons Kreuz
und vertaaln seina Klaader,
däbei wörfn sie es Los, dämit klor is,
wer wos nehma derf.

(25) Es wor obä die dritta Stund, wie sie na
gekreuzigt hom.
(26) Und als Inschrift mit seinera Schuld wor
ogschriebn:
„Der König der Juden."
(27) Und mit ihm kreuzign sie zwaa Räuber,
an zu seinera Rechtn und an zu seinera
Linkn.
(28) (Der Vers fehlt in wichtiga Handschriftn)

Die Spötter unterm Kreuz

(Kapitel 15,29–32)

(29) Und die wu vorbeiganga sän, hom ihrn Spott
mit na getriebn.
Sie hom ihrn Kopf gschüttelt und gsocht:
„No sowos, des is doch der,
der wu den Templ abreißt
und in drei Toch wieder aufbaut!
(30) Helf dir selber etzät
und steig runter vom Kreuz!"
(31) Genauso hom die Hohenpriester samt die
Schriftgelehrtn
unteranander ihrn Spott getriebn und hom
gsocht:
„Andera hot er gholfn,
obä selber konn er sich net helfn!
(32) Der Messias! Der König vo Israel!
Etzät söll er vom Kreuz rosteign,
dämit mä wos sehng und glaam könna!"

Wie Jesus gstorbn is (Kapitel 15,33–37)

(33) Es wor die sechsta Stund,
do is über des ganza Land a Finsternis kumma
bis zur neuntn Stund.
(34) Und in der neuntn Stund hot Jesus mit lauter
Stimm gerufn:
„Eloi, Eloi, lama sabachthani?“
des haaßt übersetzt:
„Mein Gott, mein Gott, warum host du mich
verlossn?“
(35) Und a poor vo dena, die däbei gstandn sän,
hom, wie sie des ghört hom, gsocht:
„Horch, er schreit än Elia!“
(36) Dänoch is aner no geloffn,
hot an Schwamm nein Essig getunkt,
hot na auf a Rohr gsteckt
und hot na trinkn lossn;
däbei hot er gsocht:
„Loßt na, mir wölln sehng, ob der Elia
kummt,
daß er na runternemmt.“
(37) Jesus obä hot an lautn Schrei geto
und is verschiedn.

Nachruf auf Jesus (Kapitel 15,38–41)

(38) Und der Vorhang im Templ is in zwaa
Taale zerrissn
von obn bis untn.
(39) Der Hauptmo obä, der wu dort gstandn is,
ihm gechäüber,
wie der gsehng hot, daß er so gstorbn is,
do hot er gsocht: „Des is echt wohr,
der Mensch do is Gottes Sohn gwesn.“

(40) Dann worn do nuch Frauen,
die hom vo weitn zugschaut,
unter ihna aa Maria vo Magdala und Maria,
die Murrä vom klan Jakobus und vom Joses,
und Salome.
(41) Die sän scho seinerzeit, wie er nuch in
Galiläa wor,
auf sein Weg mitganga, ihm nach,
und hom für na gsorgt.
Und a ganz Häufla andera Frauen worn do,
die wu mit na nach Jerusalem naufgezogn
worn.

Jesus kricht a onständiga Beerdigung

(Kapitel 15,42–47)

(42) Und wie's scho Omds worn is,
do wor Rüsttoch, des haaßt der Toch vorn
Sabbat,
(43) do is der Josef vo Arimathia kumma,
a vornehmer Ratsherr,
aner, der wu aa auf des Gottesreich gewart
hot;
der hot sich getraut und is zän Pilatus
neiganga
und hot um den Leichnam vom Jesus
nachgsucht.
(44) Der Pilatus obä hot sich gewunnert,
daß er scho tot sei söllät,
und er hot den Hauptmo zu sich kummädiert
und gfrocht,
ob er scho lang gstorbn wär.
(45) Und wie er's vo dem Hauptmo erfohrn hot,
hot er dem Josef den Leichnam gebn.
(46) Und der hot a feins Leinatuch kaft,
hot na vom Kreuz rogenumma,

hot na nei des Leinatuch gewicklt
und hot na in a Grab gelegt,
des wu aus an Felsn rausghaut wor.
(47) Und dann hot er an Staa non Eingang vo dem Grab gewälzt.

Unglaublich, wos die Frauen hörn

(Kapitel 16,1–8)

(1) Und wie der Sabbat rüm wor,
hom die Maria vo Magdala und die Maria,
die Murrä vom Jakobus,
und die Salome allerhand Kräuteröl eikaft,
damit sie nogeh und ihn salbn könntn.
(2) Und scho in aller Herrgottsfrüh
am erschtn Toch in der Wochn,
kumma sie zän Grab, wie grod die Sunna aufganga is.
(3) Und sie hom zuananđer gsocht:
„Wer wälzt uns etz den Staa weg
am Eigang vo dem Grab?“
(4) Und wie sie aufgeguckt hom, sehng sie,
daß der Staa scho weggewälzt is, – a Wunder! –
des wor nämlich a ganz schöner Brockn.
(5) Und wie sie nei den Grab ganga sän,
hom sie an junga Mo gsehng,
der wor auf der rechtn Seitn gsessn;
er hot an weißn Mantl oghabt,
und sie sän arg erschrockn.
(6) Der obä secht zu äna:
„Erschreckt net!
Ihr sucht Jesus vo Nazareth, den Gekreuzigtn,
der is auferstandn, der is net do.

Schaut her den Platz, wu sie na nogelegt hom!
(7) Ihr obä geht naus und socht zu seina Jünger
und zän Petrus: ,Er geht euch nach Galiläa voraus.
Dort werd ihr na sehng, wie er euch gsocht hot.' "
(8) Und sie sän nausgerennt und ausgerissn vo den Grab,
denn sie hom äs Zittern kricht
und sie worn außer sich vo lauter Angst,
und sie hom kan Menschn wos gsocht,
ka Sterbnswörtla net, wäl sie sich gförcht hom.

Do is des Markus-Evangelium zä End,

so steht's in die ältestn Handschriftn. In die spätern hot mä nuch an Anhang neigschriebn, wu mehrä dävo erzählt werd, daß Jesus auferstandn is. Des hot mä vo die andern Evangelien zammgstellt. Die Leut söllätn deutlicher als wie bein Markus merkn, daß Jesus lebt und wirkt bis zän heitign Toch.

Wem Jesus erschiena is (Kapitel 16,9–14)

(9) Wie er auferstanden wor
in der Früh am erschtn Toch nach'n Sabbat,
is er zäerscht der Maria vo Magdala erschiena,
bei dera wu er seinerzeit siebn bösa Geister ausgetriebn hot.
(10) Sie is hieganga und hot's dena ganz aufgeregt vermeldt,
die wu mit na zamm worn,

die hom grod gejammert und gegrinna.
(11) Und wie die ghört hom,
daß er lebt und vo ihr gsehng worn is,
do hom sie's net geglabt.
(12) Dodänoch is er in aner andern Gstalt
zwaa vo ihna erschiena,
die wu grod unterwegs worn
und naus aufs Land ganga sän.
(13) Und die hom auf der Stell kehrt gemacht
und sän zärückgeloffn
und hom's die andern aa vermeldt,
und aa dena hom sie's net geglabt.
(14) Später hot er sich selber die Elf gezeigt,
wie sie grod beim Essn beinander worn
und er hot über ihrn Unglaubn und ihr harts Herz gschennt,
wäl sie dena net geglabt hom
die wu na als Auferstandna gsehng hom.

„Geht naus nei die Welt!" (Kapitel 16,15–20)

(15) Und er hot zu äna gsocht:
„Geht nei die ganz Welt
und verkündigt des Evangelium
der ganzn Schöpfung!
(16) Wer glabt und getaaft werd,
der soll gerett wern,
wer obä net glabt, der kummt nein Gericht.
(17) Auf Schritt und Tritt wern Wunderzeichn bei dena sei,
die wu glaam, und des sän die Zeichn:
In mein Noma wern sie bösa Geister austreibn,
in neua Sprachn wern sie redn,
(18) Schlanga wern sie aufhebn könna,
und wenn sie wos Tödlichs trinkn,

werd's äna niemols schadn,
auf Kranka wern sie ihra Händ legn,
und dena werd's wieder gut geh."
(19) Des alles hot er zu äna gsprochn;
wie des vorbei wor,
is der Herr Jesus nein Himml aufgenumma worn
und hot sein Platz zur Rechtn vom Herrgott eigenumma.
(20) Sie obä sän ausgezogn und hom überoll verkündigt,
und durch Wunderzeichn, die wu auf ihrn Weg gschehng sän,
hot er des Wort stark gemacht.

A anderer Schluß

(statt die Vers 9–20 hom andera Handschriftn an ganz kurzn Schluß o des Markusevangelium noghängt:)

Alles, wos äna aufgetrogn wor,
hom sie sofort die Leut vermeldt,
die wu um den Petrus rüm worn.
Dänoch hot Jesus selber durch sie
die Botschaft ausgebreit
vom Sunnaaufgang bis zum -untergang
und wos er ausgebreit hot,
wor die heilig und unvergänglich Botschaft
vom ewign Heil.